以图像的名义

北京2008年奥运会形象设计研究

杭海 著

北京大学出版社
PEKING UNIVERSITY PRESS

关于作者

杭海，中央美术学院设计学院教授、奥运艺术研究中心常务副主任。曾任北京2008年奥运会及残奥会奖牌设计、体育图标设计、火炬接力设计、核心图形设计、指示系统设计等项目设计总监及主设计师。

曾出版《妆匣遗珍：明清至民国时期女性传统银饰》(三联书店)、《孩子的方式》(三联书店)、《十一个人的自我推广》(湖南美术出版社)等。

目 录

1　前　言

5　第一章　图像与象征
　　　　　　——北京奥运形象设计的图像策略
7　　第一节　图像释义
11　　第二节　长城与牡丹
29　　第三节　"击缶而歌"与"永字八法"
44　　第四节　龙不见了
64　　第五节　玉的背后

85　第二章　以集体的名义
　　　　　　——个体与组织的奥运形象设计范式
87　　第一节　个人的位置
　　　　　　　——北京奥运形象设计中的个体权益
108　　第二节　以集体的名义
　　　　　　　——北京奥运形象设计的组织方式

129　第三章　幸存者的游戏
　　　　　　——北京奥运形象设计的质量控制与设计决策
131　　第一节　幸存的方式
　　　　　　　——设计师策略

136	第二节	趣味的背后
		——北京奥运形象设计的美学思考
169	第三节	谁主沉浮
		——北京奥运形象设计评审体系

195	第四章	图像的权力
		——作为权力象征的奥林匹克形象
197	第一节	谁的奥林匹克
		——"五环""北京2008"与赞助商
213	第二节	群众的权力
		——政府目标与公众愿景

| 233 | 结　语 | 云的世界 |

241	主要参考文献
248	图片来源
251	后　记

前　言

2004年初，中央美术学院奥运艺术研究中心成立。一年多以后，本人作为中心常务副主任带领设计团队参与了2008年北京奥运会形象设计的系列设计竞标活动。本人是北京奥运会奖牌设计、体育图标设计、核心图形设计、火炬接力核心图形设计、门票注册系统设计、指示系统设计、KOP系统设计、火炬接力形象景观系统设计等项目的设计总监及主创人员，同时也是北京奥运火炬设计终审评委及北京奥运特许商品设计评审专家，并参与制定系列北京奥运形象设计规范与指南工作。在长达四年的时间里，本人亲历了最重要的北京奥运形象设计的竞标活动，并在部分项目上竞标成功，所以对北京奥运形象设计的缘起、过程及结果有自己独特的体验与见识，也曾在相关媒体上以及不同场合中发表过自己的观点，但要将北京奥运设计这一课题研究付诸实际的写作，还是有力不从心的彷徨，毕竟2008年北京奥运形象景观设计与管理是当代中国乃至全球最大、最复杂的设计与管理项目；同时，作为当代中国最重要的国家形象设计项目之一，对北京奥运形象设计的研究固然与艺术设计学科相关，但同时又远超乎艺术与设计的含义与语境，它的整体性研究需要跨领域、跨学科的综合研究与方法论。

就设计与文化关系而言，北京奥运形象设计实践是中国传统文化与艺术运用于当代设计的一次最有影响力的尝试，是研究当代中国设计实践语境中的传统图像与象征的难得案例；同时，作为一项史无前例的国家形象设计项目，该项目的组织方式、审核标准及决策过程又集中体现了各种思想、标准、模式、价值观及权力要素的碰撞与平衡，是国家重大公共形象设计组织研究的典型样本。但即使是在这两个相对具体的研究方向上，也依然需要找到一条能够贯穿始终的明晰的主线，并在实际的研究与写作中有所取舍与侧重，方能使得写作的范围控制得当、目标专一、观点明晰，而这一直是我写作的基本追求。为了做到这一点，我曾一再找寻自己学识与经验范围内能有效驾驭的研究主题，最终发现，就我的学术背景而言，传统图像研究似乎是最有把握的，而本人的业余身份，如中国传统银饰的研究者、古砚及传统家具的收藏者，又多少使得这一研究主题的选择包含了几分个人的情愫。在我看来，北京奥运形象设计始于图像的选择与阐释，也终于图像的选择与阐释。图像的传统象征与其当下寓意是所有北京奥运形象元素审核的重点，传统图像与其原有的象征意义如何能在经历漫长的时间流逝与语境变迁之后，依然保持生命力并演绎、生发出合乎国家形象设计战略目标的新的形式与意义？在这一过程中设计、设计组织及设计决策究竟经历了怎样的历程？对这些问题的不断追寻与思考，就成为《以图像的名义——北京2008年奥运形象设计研究》一书的缘起。

图像的象征性与国家形象的关系讨论在北京奥运形象设计过程中曾达到前所未有的文化与政治高度，而这种关系又时刻与传统、习俗相关联，并以国际政治态势与全球文化潮流为演绎背景。在各个单体项目设计竞赛中的成败得失以及最终的北京奥运形象的整体视觉质量与意义，对这些问题的回顾与讨论不仅是对已发生的北京奥运形象设计与管理的必要梳理与反思，并会对正在走向成熟的中国设计与管理产生重要启示,更为重要的是,这种研究还将为中国今后举办其他重大赛事或活动、塑造积极的国家形象、增强国家软实力提供经验,这种经验不仅是与形象设计相关的技术与方法,更为重要的是与经济、文化、传统、政治等相关的中国式设计思维与线索。

图 1-01,国家体育场"鸟巢"

第一章　图像与象征

——北京奥运形象设计的图像策略

图 1-02，本书作者在指导火炬接力珠峰景观设计

第一节　图像释义

神说，我们要照着我们的形象，按着我们的样式造人。
（Then God said, Let us make mankind in our image, according to our likeness.）

——《创世记》（*Genesis*）1:26

与"图像"一词对应的英文单词主要是"image"与"picture"。"picture"一词的原意为图画、照片、电影、映像等，在实际的运用中，虽然常与"image"混用，但"picture"的表达更倾向于具体的视觉形象，而"image"则除了具体的视觉形象外，多指向图像的心理寓意与象征。

"image"的词源学释义主要有五个方面：[1]

一，指用各种材料（木、石等）模仿塑造某人或事物的形状或形象，如雕像。在《圣经·创世记》中，上帝说，让我们按照我们的样子创造人。这在某种程度上隐喻了图像的呈现从一开始就具备古老的精神寓意。事实上，雕像在西方世界一直具有类似纪念碑的象征意义。这种内在精神的外在表现就是图像本质——图像是用来象征的。

二，镜像、影像、映像。

三，指总体印象、声誉等。

四，意象、比喻、明喻、隐喻。

五，心目中的形象或观念。

图像的"镜像"（mirror）释义通常引向美学与心理学语境，而图像的"意象"（mental image）、"观念"（mental idea）释义则明确说明"image"是"mental"的呈现，甚至"image"就等同于"idea"，图像与精神或观念的交融与互动关系与生俱来，"image"一词原意及其演化已进入心理学范畴的象征性描述，事实上前缀"im"的词源学释义之一就是"向内、进入"的意思。

此外，与"图像"一词密切相关的还有两个词，一个是"figure"，另一个是"shape"。

"figure"在艺术设计领域被翻译成"图形"，比如我们常说的"图底关系"的英文就是"figure-ground relation"。图形的产生与轮廓线（contour line）

息息相关，而封闭的轮廓线所形成的特定形状则成为划分图与底的关系的开始。格式塔心理学认为，人类所拥有的一切意象（mental image）都是基于图与底的简单分离。[2]而"shape"通常被翻译成为"形状"，由封闭的轮廓线形成的特定形状是最基本的视觉单位或对象，眼睛对于这一对象的捕捉是由"整体观看这一物体时所得到的视觉经验决定的"。[3]而不是简单地取决于特定时间内视网膜上的成像。观看就其本质是对对象的一种整体把握，获得的也是一种整体性的样式，这种整体性的样式在格式塔心理学理论中被描述成："人的眼睛倾向于把任何一个刺激样式看成是在给定条件下最简化的结构。"[4]从任何一种最简单的形状到最复杂、最具隐喻与象征意义的图像、物体甚至是事件，人们都是采用相同的方式去观看与理解。事实上，观看就是一种理解与选择，而不是一种简单的全盘记录，图像的象征性与知觉的选择性息息相关。

在图像象征的一般含义上，图像必须隐含某种观念或寓意，否则我们就不能称之为象征，比如龙隐喻皇帝，凤隐喻皇后；但真正促使这两个图像成为中国典型符号象征的原因在于：龙与凤图像本有的、一望可知的阳刚与阴柔的视觉表现性及其对应关系。事实上，任何一种伟大的象征都是建立在对事物的表现性感知的基础之上，从而使得伟大的象征能够超越文化与语言的屏障，为芸芸众生所感知并传承。而对这样一种视觉表现性的捕捉，并不是艺术家或少数精英人物的专利，而是人类最基本的视知觉本能，从这个意义上讲，图像的概念只有扩展到一般图形甚至形状的视觉呈现的研究层面，才能进入更为广阔深远的、与人的视知觉本能等相关的生物学、心理学范畴，才可能让图像象征及其传播研究拨开纯粹观念的层层迷雾，从而接近人最基本的视觉与心理事实。

"非图无以见天之象，非图无以见地之形。"[5]在中国文化的语境中，"图像"同于"图象"，"象也者，像也。"[6]"在天成象，在地成形，变化见矣。"[7]天地之形象可以通过图示的方式被直观理解与直接传达，"索象于图，索理于书"曾是中国古代学者治学的重要途径。"河出图，洛出书"，"图"与"书"可以说是中国学人理解天地自然与自身的起始与经纬。"图至约也，书至博也"，与义理辞章相比，知识的图解传承更为直观简易，在传统的语境中，无论是天文地理、都邑城筑、宫室器用、车旗衣裳、章程制度、古今名物，事无巨细均可以按图索骥，实学务行。"象"在中国人的经验中并不是简单的自然事物或现象的象形，而上升到天道与人道的图像显现或启示——"天垂象，见吉凶。"[8]"象"是与小到个人、家庭、宗族，大到社稷、天下的吉凶沉浮相关联的神秘符号；更为重要的是，"见乃谓之象"[9]，道之所显，其为象焉。图像的范围与象征性无所不在，这一点成为我们文化的重要特征，也是我们存在的重要依据。

基于这两个层面的思考，本书中不仅将龙、凤、祥云等图形以及书法、文字、符号等归为图像研究的视觉样本，甚至将玉这样的材料也视为图像研究的材料样本。在我看来，类似用手指触摸以分辨物体的形状的方式，同样是眼睛捕捉事物的基本方式，这基于一个基本的信念，那就是自然的呈现方式与我们的感知方式是同一的。

第一节 注释

1 参见网页 http://www.britannica.com/bps/dictionary?query=image
2 [美]鲁道夫·阿恩海姆:《视觉思维》,北京:光明日报出版社,1987,第409页。
3 [美]鲁道夫·阿恩海姆:《艺术与视知觉》,北京:中国社会科学出版社,1984,第32页。
4 Rudolf Arnheim: *Art and Visual Perception* (the new vision), California, 1974,P53.
5 (宋)郑樵:《通志二十略》图谱略第一。
6 《周易》系辞下。
7 《周易》系辞上。
8 《周易》系辞上。
9 "是故阖户谓之坤,辟户谓之乾,一阖一辟谓之变,往来不穷谓之通,见乃谓之象,形乃谓之器,制而用之谓之法,利用出入,民咸用之谓之神。"(《周易》系辞上)

第二节　长城与牡丹

2008年7月初，中共中央办公厅转外交部礼宾司，委托北京奥组委文化活动部设计人民大会堂宴会厅背景板。据指示，2008年8月8日，国家领导人将在宴会厅宴请参加北京奥运会开幕式的各国元首、高官、皇室成员等贵宾，这块背景板位于宴会厅主席台后面，国家领导人将在背景板前向来宾致辞，这一画面将向全球转播。接到任务后，奥组委文化活动部的设计师以长城、鸟巢、天坛、祥云等图形为元素设计了多套方案，并上报中办待批。与此同时，中办为了双保险，又指示文化部安排专家对背景板进行设计。但事情还没有结束，7月22日，中办又直接给中央美术学院发了关于背景板设计的紧急公函。据指示，领导比较看好长城与鸟巢的组合方案，但对已提交的所有设计不是特别满意，希望我们能予以改进；以外，还希望我们能不加限制地再出些新的设计方案。我们设计的方案于7月24日交到中办。

7月26日，中办召开紧急会议，外交部礼宾司、文化部、北京奥组委文化活动部三家单位有关领导参加了会议，所有宴会背景板设计方案均被否决，要重新设计。中办领导表示，人民大会堂一楼北大厅的屏风上是长城图案，所以三楼宴会厅背景板再用长城图案就重复了，因此最被看好的长城与鸟巢组合方案被否。再设计新方案已几乎没有时间，这时外交部的官员提供了一个信息：2006年特奥会开幕式上，总书记的讲话背景板画面效果反映不错，画面图案是牡丹。经过一番紧急商讨，决定8月8日的背景板画面沿用牡丹主题，背景板设计主题终于尘埃落定。

人民大会堂午宴背景板的设计审核过程可以说是一个图像选择与国家形象关系的典型案例。为什么在常人看来，一块只是充当发言背景板的画面设计竟然会惊动包括中办、外交部、文化部、北京奥组委等单位的领导，是否有点小题大做了？在这一过程中，似乎设计受到了前所未有的重视与关注，然而与一系列奥运重大设计相比，一块宴会厅背景板设计的技术与文化含量显然是微不足道的，毕竟它只是一块用来充当背景的挡板而已，那么为何这块背景板的设计获得了如此高规格的"待遇"呢？

在我所亲历的北京奥运形象设计中，几乎所有设计项目在一开始都没有人给设计师以明确的指令或限制，所有的要求都是泛泛的，如有中国特色，要体现奥林匹克精神，等等，并以"独特""创新"等字眼鼓励设计师加以发挥。似乎设计师拥有很大的创作自由与空间，但在一个没有明确指令的项目竞标中，想要让自己的设计入围、存活到下一阶段的唯一方式就是，尽可能地从各个不同角度出发，多出方案，以确保既有的方案数量及差异性能够覆盖到所有的可能性。以这块背景板为例，设计主题涉及几乎所有常见的、能代表中国的元素，如长城、天坛、天安门、华表等；能代表奥运的元素则有主徽"中国印"、鸟巢、水立方、核心图形"祥云"等。除去元素的收集与整合，对于具体项目的调性必须有一个基本的判断，根据8月8日宴会的规格所得到的基本判断是：一，设计风格必须宏大，有气势，有盛世强国的风采。二，所选主题必须是正面积极的，不能引发任何负面的联想。这其中用什么主题的图像是最敏感的，也是决策层高度关注的。

在中国，从古至今，图像具有很强的象征性。中国古代社会特有的礼制传统的视觉体现，就是以一系列规范严格的仪礼、纹样、色彩及器用的形制及数量等的差异化来体现君臣、贵贱、长幼、男女之别以及冠、昏、丧、祭之分。而这种象征性在中国文化的起始阶段，就与等级、政治、礼俗等紧密地联系在一起。要分析这种基于礼制的传统图像的象征性，我们有必要从最重要、最久远的中国国家的图像象征——九鼎的传说说起。

楚子伐陆浑之戎，遂至于洛，观兵于周疆。定王使王孙满劳楚子。楚子问鼎之大小轻重焉。对曰："在德不在鼎。昔夏之方有德也，远方图物，贡金九牧，铸鼎象物，百物而为之备，使民知神、奸。故民入川泽山林，不逢不若。魑魅魍魉，莫能逢之，用能协于上下，以承天休。桀有昏德，鼎迁于商，载祀六百。商纣暴虐，鼎迁于周。德之休明，虽小，重也。其奸回昏乱，虽大，轻也。天祚明德，有所厎止。成王定鼎于郏鄏，卜世三十，卜年七百，天所命也。周德虽衰，天命未改，鼎之轻重，未可问也。"[1]

作为三代最重要的国家礼器，九鼎的制作，是使用九州进贡的、当时极为贵重的青铜材料铸造而成。鼎上铸有九州名物，据称百姓能按图索骥，辨别神奸，祛凶就吉。这一群体进贡、集中铸造、铸物象形、兼备百物、以承天休的制作国家礼器的行为本身说明，九鼎的铸造与确立是三代时期同一

图 1-03，2008 年人民大会堂奥运欢迎午宴背景板设计（牡丹）

图 1-04，午宴背景板早期设计方案（鸟巢与长城）

的、政治共同体的图像象征。

但真正见过九鼎的人微乎其微,即使贵为封建诸侯、春秋五霸之一的楚庄王也不例外,这才有"问鼎"事端,虽其意不在于鼎。可以想见,当时大多数人对于九鼎的认知只能是基于传说或猜想。这一点也为史料所验证,对九鼎的议论虽然充斥于历代史料之中,但关于九鼎的形制、大小、轻重,以及上面所铸的图形符号等信息,却至今不明。

九鼎的物质性信息或数据的缺失并不是古代历史中常见与时间相关的信息的自然流失,而是一种政治性的刻意隐瞒——国家礼器至高无上的神圣性是通过隐匿、秘藏的方式来体现的,秘密的专属权是政治体制中体现等级、制造距离的一种有效方式。九鼎对大众的隐匿性让这一中国古代历史中最重要的政权象征物,始终停留在一个众说纷纭、永无定论的传说之中。于是自三代始,群体性的猜度遂成为捕捉重大政府信息的一种独特方式,并在日后演化成为一种公众传统。

对楚王的觊觎企图,王孙满的回应简约而清晰:"在德不在鼎。"鼎本身的物质性并不重要,重要的是鼎所体现的天下公认的政权合法性,即"有德"所导致的"天命"象征。

"德之休明,虽小,重也。"鼎之所以被视为国之"重器",它的分量在于其所承载的政治象征——天命,而不是实际的重量。这表明中国国家图像制造在其起始阶段的关注重点就是与政权合法性相关的政治象征,鼎作为"德"的物化象征,其所蕴含的政治性是第一位的,而鼎的大小轻重,甚至鼎是否真的存在,抑或只是传说,都不重要。"在德不在鼎",言简意赅地表明了政治图像与象征的轻重关系。

楚庄王观兵于周疆,问"鼎之大小轻重",在春秋时期所特有的优雅含蓄的外交语境中,已是极端无礼、赤裸裸的僭越表达。在一个礼制社会中,礼的权威性来自对距离的有效控制,任何试图接近国家礼器的行为或对国家礼器的具体数据的关注与窃取,都被视为僭越或谋反的象征。因此,"问鼎"这一行为本身就被读解成一种直露的觊觎合法政权的政治象征。于是,对图像本身以及围绕着图像所产生的种种政治性读解逐渐演化成为中国公众对公共图像读解的一种思维惯性。

作为以"问鼎"为象征的东方式僭越的继承与流变,之后中国历史上发生的无数次僭越或谋反事件的起始，很多都是以器用、舆服、仪规的逾制或擅用为端倪的，如《国语·鲁语》中提到的：

> 虢之会，楚公子围二人执戈先焉。蔡公孙归生与郑罕虎见叔孙穆子，穆子曰："楚公子甚美，不大夫矣，抑君也。"郑子皮曰："有执戈之前，吾惑之。"蔡子家曰："楚，大国也；公子围，其令尹也。有执戈之前，不亦可乎？"穆子曰："不然。天子有虎贲，习武训也；诸侯有旅贲，御灾害也；大夫有贰车，备承事也；士有陪乘，告奔走也。今大夫而设诸侯之服，有其心矣。若无其心，而敢设服以见诸侯之大夫乎？将不入矣。夫服，心之文也。如龟焉，灼其中，必文于外。若楚公子不为君，必死，不合诸侯矣。"公子围反，杀郏敖而代之。"²

叔孙穆子因见公子围"大夫而设诸侯之服"，以大夫之位而擅用诸侯一级的服饰，即预言公子围必反，理由是"夫服，心之文也。如龟焉，灼其中，必文于外"。服饰是内心的纹样，就像甲骨一样，火灼其内，必然会有龟裂见于其表。果不其然，公子围回国即弑杀郏敖，自立为君，即是后来的楚灵王。服饰在智者的眼里，显然已不再是简单的纹样，而是揭示人内心隐秘的符号，内心的波动无论如何掩饰，迟早会在水面上泛起涟漪。见微知著，由表及里，这就是古代中国人对图像读解的典型方式。在构成舆服礼制的要素中，最重要的是纹饰种类与数量的规定。《明史》中记载了这样一件事情。

嘉靖八年，嘉靖皇帝见衮冕革带缺失，认为不合古制，遂与臣子进行了关于衮冕服制问题的多次讨论，其中涉及色彩、纹样等问题。嘉靖皇帝发现，"及观《会典》载蔽膝用罗，上织火、山、龙三章，并大带缘用锦，皆与今所服不合"。于是，要求"详考绘图以进"，并对"盖因官司织造，循习讹谬"而导致的"今衣八章，裳四章"的图像舛讹，要求更正为衣六章（日、月、星辰、山、龙、华虫）、裳六章（藻、火、粉、米、黼、黻）的古十二章旧制。色彩沿用玄衣黄裳，理由是"古色用玄黄，取象天地。今裳用纁，于义无取，当从古"。³

这段史料生动描述了纹样及色彩在古代礼制中的重要位置与象征意义，纹样及色彩的改易存废，绝不是简单的装饰问题，而是关乎皇权正统、国家法度的政治问题。沿用古制是确保皇室权威、舆论安全的重要方式，也是从古到今、一以贯之的传统安全思路。

"象"在中国人的经验中并不是简单的自然事物或现象的象形，而是天道与人道的图像征兆。我们将一个国家出现动乱的先兆称为"乱象"或"险象环生"，而将太平盛世称为"繁荣景象"。"象"是与小到个人、家庭，大到种族、社稷的吉凶沉浮相关联的神秘符号。

"五经"之首的《易经》就是建立在以卦象为核心的符号象征的基础之上，通过对特定的卦象的象征性读解来预见未来的变化。《系辞》记载："古者庖牺氏之王天下也，仰则观象于天，俯则观法于地，观鸟兽之文与地之宜。近取诸身，远取诸物。于是始作八卦，以通神明之德，以类万物之情。"可见，看似神秘的卦象，依然源于自然的观察，是天地人交互关系的图形显现，以"乾"卦为例，"乾"远可为天、为圆，近可为父、为首，甚至为玉、为金、为马、为果木，等等。八卦分别对应八种自然现象：乾对天，坤对地，离对火，坎对水，震对雷，艮对山，兑对泽，巽对风。"天、地、火、水、雷、山、泽、风"八种自然现象则对应"健、顺、动、入、陷、丽、止、说"八种基本性情与运势。通过两单卦合一的方式组成六十四卦，三百八十四爻，等于是六十四种大的状况与趋势，三百八十四个时机与位置。比如占到一卦，图像为"䷮"，这个卦象上为沼泽，下为水，图像是沼泽中的水流到下面。在自然界，沼泽中的水是人与动物都需要的，所以是生机、喜悦的象征。而这个卦象表明，沼泽中的水流走了，沼泽空了，因此代表山穷水尽，所以这个卦象就叫"困"卦，表示被困住了，是一个困难卦。在古代如果占得此卦，就会祭祀以求诸祖先的力量。

可见，在古代智慧中，事物或事件所呈现的特定的图像象征是预测吉凶、应对未来的重要介质，这种古奥深邃的意识来自古代中国人对人与自然的对应关系的直觉与领悟。图像的象征既然可以关乎个体人生的顺逆吉凶、宗族社稷的盛衰兴亡，那么就不难理解自古至今中国人对图像所可能昭示的象征意义的不同寻常的关注与笃信了。

在《红楼梦》第一回中，甄士隐由"天上一轮才捧出，人间万姓仰头看"的诗句所呈现的满月高升、万人景仰的"瑞兆"，即断定贾雨村"飞腾之兆已见，不日可接履于云霓之上矣"，旋即封银五十两赠贾雨村作为进京赶考的盘费。而随后贾雨村中了进士，选入外班，最终升了知府。这种由某一"异象"征兆始、最终演化成事实的故事，不仅广泛出现在各类小说、笔记、志异野史中，也出现在作为正史记载的各类史籍、地方志中。

《史记》卷三"殷本纪第三"中记载：

> 帝雍己崩，弟太戊立，是为帝太戊。帝太戊立伊陟为相。亳有祥桑谷共生于朝，一暮大拱。帝太戊惧，问伊陟。伊陟曰："臣闻妖不胜德，帝之政其有阙与？帝其修德。"太戊从之，而祥桑枯死而去。[4]

太戊帝因见亳地有二桑树合生的怪象而惊惧，询之宰相伊陟，伊陟认为怪桑的出现是帝王失德的征兆，建议太戊帝修德，因为"妖不胜德"，太戊帝照做之后，怪桑遂枯死。失德有妖象，有德有瑞象，在中国古代史籍中屡见不鲜的天兆、异象的记载，大都不是为了天文地理方面的科学研究，而是为了收集、显示与王朝兴衰、天子德行、皇权合法性等相关的天象依据。"日有食之，天子不举，伐鼓于社。"[5] 根据天人感应的传统，天兆作为一种重要谏言形式，不仅会对统治阶级形成某种程度的权力制约，在某种刻意渲染甚至是曲解、臆造的过程中，也经常沦为宫廷斗争中打击或排除异己的利器。自三代始，天文历法便与记载史事、编修史籍、祭祀礼乐为同一部门，唐虞的"秩宗"、周朝的"宗伯"、秦朝的"奉常"、汉朝的"太常"莫不如此，直到唐朝天文才与史学分开，但天文馆除了"制历定朔、敬授民时"的基本功能外，其最主要的政治职能——为皇室或社稷安危寻找天象征兆的传统，则一直延续、未有改变。风调雨顺，国富民安；阴阳失序，统治失德；对天象的政治性读解不仅是古代中国的史学传统，也是中国公共策略与大众舆论的持续传统，作为这一古代传统或意识的自然延续，至今中国公共图像象征及其读解始终与政治纠缠不清。

《史记》卷八"高祖本纪第八"中记载：

> 高祖，沛丰邑中阳里人，姓刘氏，字季。父曰太公，母曰刘媪。其先刘媪尝息大泽之陂，梦与神遇。是时雷电晦冥，太公往视，则见蛟龙于其上。已而有身，遂产高祖。[6]

这种帝王、贵人诞生前有祥瑞显现的记载，几乎成为中国帝王传记的一种流行俗套。除却前面说的天兆与帝王降生合法性的象征关联等政治传统，在古代中国，人们并不将这类故事简单地视为神话、传说或虚构，在潜意识深处，人们相信天地自然与人有着紧密而玄妙的对应关系，所谓"人有悲欢离合，月有阴晴圆缺"。天象的变化随时在影响改变着人类的生存轨迹与境遇，而人的善恶作为的累积效应又会化为某一特定的天象显现，国人视之为自然或上天对人的行为的嘉许或警告。因此，在中国人看来，将天象征兆等图像象征等同于事实，并不是迷信，而是一种将过去、现在与未来联系在一起的开示方式。这种开示方式源远流长、长盛不衰，是人们联系祖先、通达神明、获得力量的重要途径。它可以是个体人生飞黄腾达时的锦上添花，也可以是走投无路、濒临绝境时的雪上加霜；可以是荣华富贵下的盛极必衰，也可以是踌躇满志中的乐极生悲。但无论它是什么，古代的智慧告诉我们福祸相依、吉凶相伴，并根据人的修为与功德随时在发生着变化。

即使到了科学昌明的今天，对某一特定图像的群体迷信也不乏其例。2001年，香港特区政府推出一项旨在推动香港成为"亚洲国际都会"的城市形象推广计划。这项城市形象推广计划的标志是一个"龙"的图案，由"香港"两个汉字和英文缩写字母"HK"组成，龙头朝东。虽然设计的初衷是一条龙，但其尖利的龙头加上花哨的曲线，让这条飞龙更像是一只飞禽。2001年5月，在香港"全球财富论坛"上，香港特区政府向全球公布这一标志。几乎是与发布同步，香港突然出现了H5N1禽流感，一时间，香港人闻鸡色变，为避免重蹈1997年香港禽流感病毒致死案例覆辙，香港特区政府迅速出击，封闭了全港74个街市内的506个家禽摊档，全面扑杀在各个零售、批发市场及农场内可供出售的约120万只禽鸟。[7] 于是很多香港人都说是这个标志不吉祥，理由是图案形似飞禽，朝向东方（西来的象征），意味着来自西方的禽（流感）冲过来"咬"了香港。

这一事件生动体现了中国社会常见的对某一传言的集体偏信：这一基于图像象征性或文字多义性的传言，往往会在无序传播过程中被绘声绘色地持续加工、演绎与强化，最后发展成为对大众观点与行为具有重大影响力的社会心理因素。

以上的经验告诉我们，在公众场合，特别是在具有重大意义的公众场

图 1-05，香港"亚洲国际都会"标志（飞龙）

图 1-06，北京奥运海报（京剧人物抱拳）

合，选择一种图像绝不是一件随意的事情，也绝不是一件只关乎审美经验的小事，任何一种图像的出现都有可能引起上至政府的关注与警惕，下至一般群众的议论与猜想。中国民众对图像所可能蕴含的与政治相关的象征性，有着异乎寻常的敏感与热情，这种敏感与热情会以极快的速度和超乎寻常的规模，将某种猜想发展成遍及各地的街谈巷议与交头接耳，最终甚至引发全国性的政治讨论与争鸣。

2008年7月18日，北京奥组委对外正式发布了北京奥运会、残奥会官方海报，奥运官方海报的主题为"同一个世界，同一个梦想"，分为主题海报、人文海报、体育海报三种。几乎是在发布的当天，一张图为京剧武生抱拳的奥运海报在网上引起轩然大波，海报上京剧武生的抱拳动作是"左拳右掌"，与中国传统的抱拳作揖动作"左掌右拳"相反，而"左拳右掌"在中国传统习俗中被视为"凶拳"。

对于这一重大"失误"的热议一度成为网上最火热的话题，典型网上的议论举例如下：

在国学中，在中国礼节中，流行较广的中华民族传统礼仪至少有五种：叩拜、躬身作揖、抱拳拱手、万福、鞠躬。

姑且以其他礼节方式不论，谨以抱拳来说，这也是很有讲究的：抱拳时，必须右手握拳，左手轻轻抱住右拳。有时左手抱右手时，两手大拇指还要相互攥住，表示友情长在，牢不可分。抱拳切忌两手的手指头交叉，也忌讳右手去抱左手。如果抱拳时右手抱左手，是为大凶或"凶拳"，意为侮骂对方。[8]

作揖的姿势是先双手抱拳前举。这抱拳可不能乱抱，男子尚左，也就是男子用左手握右手，这称作"吉拜"，相反则是"凶拜"。在古代中国，如果某户人家中办丧事，则上门问候的客人就采用右手抱左手的"凶拜"。

奥运会是展示五千年中国文明的窗口，奥运海报居然犯这种没有文化的低级失误，实在令人失望。[9]

随着网络讨论"凶拳"事件的升级，信息量之大甚至惊动了北京市网络督察机构，经过奥组委相关人员审慎的调查，7月23日，北京奥组委文化活动部部长赵东鸣代表奥组委就"凶拳"事件正式向公众回复。我们以2008年7月24日北京《新京报》报道为例：

> 本报讯（记者白杰戈）北京奥运官方海报中京剧武生抱拳的动作，被部分网友认为"不规范"。昨日，北京奥组委文化活动部部长赵东鸣表示，网民理解有误。京剧专家也证实，海报中武生的动作并无不妥。
>
> ……
>
> "我们已经注意到这种意见。"昨晚，北京奥组委文化活动部部长赵东鸣在电话中说，"照片上的抱拳是戏曲动作，跟生活中的作揖并不是一回事。"
>
> 赵东鸣介绍，参与海报拍摄的演员是专业京剧武生，动作不会有问题。了解到网民的意见后，奥组委又专门向京剧专家求证，结论是海报上的武生动作并没有错误。
>
> 昨晚，江苏省京剧院导演罗连坤和剧院的老演员向记者确认，京剧舞台上的抱拳动作通常是左手拳、右手掌，很少有例外。"海报上是对的。"罗连坤介绍，抱拳动作在京剧中用作两人见面问好，根据角色不同，动作幅度也各异，与日常生活中的作揖并不一致。[10]

随着官方表态及京剧专家的权威确认，争议逐渐平息。但网上依然存有部分的质疑：

> 京剧专家的解读依旧没有解除我的疑问。本人对戏曲领域没有研究，但认为曲艺是来自日常生活和传统礼仪，那么为什么日常见面的"挑战礼"在京剧中就变成了"问候礼"呢？[11]

发生在北京奥运开幕前夕的"凶拳"事件，再次显示了图像在中国社会所具有的象征力量，同时让我们见识到网络传达群众呼声及意见的速度与威力。"凶拳"之争实际上是中国传统礼俗在当下全球化语境中的境遇问题，我相信今天绝大多数人，特别是年轻人已很少知道拳左抱与右抱的区别，更少有人能知道它的来源与出处。但奇妙的是，出现在奥运海报上的这一现代中国人日常生活中很少使用的见面礼仪，一旦被指存有不符传统仪规的错误时，几乎所有的人，不分男女长幼、鸿儒白丁，一律震怒不已，认为这等没文化的低级错误将让中国人贻笑于全世界，"凶拳"所传达的不友善的负面意义更会影响世界对中国的看法。

中国古代礼制传统教化的一个突出特点就是群体性的泛宗教化。礼立群分，礼制的目的是区别男女长幼，贵贱尊卑，即所谓"礼义立则贵贱等矣"。[12] 古代先哲们相信，"乐至则无怨，礼至则不争"。[13] 礼的确立是解决社会纷争的重要方法，对于中国人来说，对礼的遵守与执行并不是外在的强制，"克己复礼"是人内心的本性使然，是符合人性人情的。

司马迁曾说过，"余至大行礼官，观三代损益，乃知缘人情而制礼，依人性而作仪，其所由来尚矣"。[14] 这就是中国礼制的要义：将外在的礼的规范，通过潜移默化的生活细节，升华成个体内在的本能需求。这种泛宗教化的自我约束，就是中国礼俗传统能沿袭至今的重要原因。

礼由人起。人生有欲，欲而不得则不能无忿，忿而无度量则争，争则乱。先王恶其乱，故制礼义以养人之欲，给人之求，使欲不穷于物，物不屈于欲，二者相待而长，是礼之所起也。故礼者养也。稻粱五味，所以养口也；椒兰芬苾，所以养鼻也；钟鼓管弦，所以养耳也；刻镂文章，所以养目也；疏房床笫几席，所以养体也。故礼者养也。[15]

人生而有欲，一切的纷争都是人与人之间的欲望未得到满足或平衡而产生的。中国的古代先哲们通过制定节制欲望的礼和体认本分的义，以调和人与人之间的差异，弱化人的欲求与自然的供给之间的矛盾，以期各安本分，人适当的欲望能得到长久的满足，而自然的供给亦有可持续的可能。在中国人看来，就如同食物是调和养护身体的基本需求，礼则是调和养护心灵的基本需求。这种将礼的奥义融于最寻常、最普通的百姓日常生活之中的教化方式，正是礼之所以兴起、之所以长盛不衰、延绵至今的原因。

在古代中国，日常生活中的礼的体现，绝不是流于表面的交际形式，懂礼、尊礼、行礼是人之所以为人、人区别于鸟兽的重要标准，是一个个体的人立足于社会的基本前提。从坐相、睡姿到吃饭、穿衣、走路、说话、微笑、打招呼等，皆有一整套健全而繁复的规矩或仪式，"行之而不著焉，习矣而不察焉"，这种代代相传、由时间反复锻造的礼俗，最终彻底融于我们每个人的血液中，化为我们日常行为规范的本能反应，成为中国社会、中华文明源远流长的稳定剂。

从表面上看，在一个飞速发展的现代中国，这种源自周礼、口传心授、融于血脉的礼俗传统，正随着社会形态的现代与开明而逐渐淡化；但事实上，礼乐作为中国文化传统的核心内涵，正在随着中国国力的强盛而显出它本有的价值与力量。在2008年奥运会这个举世关注的特别时刻，一种亟待彰显我们中国力量、观念与价值的热烈情绪，让举国民众都希图通过北京奥运这一前所未有的平台，展示我们之所以成为我们的文化与传统。奥运海报如果存有的常识性礼仪错误，极有可能在临近奥运开幕的关键时刻，引发全球对中国的误读。这种群体性的担忧，终于在一夜之间引发了全国范围内的网络热议，并以惊人的速度形成惊人的网络信息流量。这种没有预谋、没有计划、没有组织，却达到高度一致的群体性反应，其本质是礼俗传统的本能激发了普遍的民意抒发，维护礼俗传统的潜在意识升华为群体性维护国家形象的自觉义务。而这一义务表达，在无意间以其前所未有的强度，质变为一种群众性的话语力量，网络作为有别于传统话语介质的平台，以其特有的开放性、传播广度及传播效率，在一夜之间将这一群体性表达集中并无限放大。

当群众的零散表达质变成为群体性社会能量之后，其背后的深层次内涵则是：从古至今，中国百姓对政府等权力机构施以影响的主要方式是议论与谏言，在儒家理想中，对终极权力的控制的最佳方式是将权力控制在礼的制度的限制之下。孟德斯鸠说过，"在专制政体国家，没有宗教，受到尊重的便是习俗，而不是法律"。[16]礼俗传统作为最具中国特色的社会能量，在中国重大公共决策中的威力与影响力，是任何权力机构无法回避、忽略的。根深蒂固、代代相传的礼俗传统是左右当代公共图像选择及其象征性读解的无形的世俗权威。"凶拳"事件的侥幸化解，也许是由于梨园传统中的抱拳姿态不同于日常生活的表达方式，如若不然，"凶拳"事件必然成为北京奥运形象设计的重大失误。在我们生活的这个自以为相当"现代"的环境中，其实无所不在地充斥着潜在的象征性的时光隧道，一俟机缘巧合，一个字、一幅图像或一个动作便有可能打开时光之门，将当下与传统再次神奇地连接在一起，让当下的情势发生巨变。

象征的这种神奇的关联性，让我们意识到过去、现在乃至将来是没有距离，甚至是没有缝隙的。从某种程度上讲，我们并没有绝对地生活在当下，而是生活在当下与传统的相对关系之中。这一发生在我们身边的最典型、最当下的图像事件，再次显示了图像的象征性在中国所具有的威力及酿成群羊效应乃至群体事件的可能。因此，在图像的选择过程中，政治、宗教、文化、民族、传统等因素都需纳入考量的范围，安全性必然成为决策层的第一考量。

在决策层的考虑中，一直有一个彼此冲突的两难选择，一端是图像选择的安全性，另一端是图像选择的独创性。安全性的考虑随着事件或场合的级别提升，在中国往往被最终体现为具体指示中的"保证""务必""确保""不容许"等关键词。这种自上而下、层层施压的指令，给各级官员与具体的执行人员以巨大的压力，对这种"确保"指令的坚决贯彻与具体执行，表现在：一，能做、能不做的两可方案一律不做，一切以最高安全准则来执行；二，沿用过往为实践证明、确实没有风险的方案。"沿用古制"的礼制传统思维依然是当代中国面临重大安全问题时的主流思考方式之一。具体到设计中，一个常见的办法是将过去已被确认，并为实践、时间所证明确实是没有问题的主题或风格纳入首选的范围。但另一方面，在重大时刻，对具有创新性与时代感动力的图像的渴望，又促使任何一位具有国家使命感的官员要求具体的设计人员能够开放心灵、不受束缚地找寻、创造出最具独特性的原创图像。这就是为什么我们经常遇到这样的情形：决策者在项目启动时，往往鼓励、指示我们打开思路，发挥想象，而一旦沿着这一思路完成设计，面对突破常规尺度的创意，决策者却又心存疑虑，犹豫不决。

在安全性与独创性之间找到平衡是一件非常难的事情，不仅需要高度的敏感与智慧，有时还需要一点运气。此外，对选定的图像主题的积极阐释也是保证舆论安全的重要环节。可以通过限制或有选择的信息供应，对某一图像的解读进行某种程度的控制，或通过反复灌输具有某一明确指向的信息阐释，来使受众逐渐习惯、趋同，从而引导公众按照既定的视线去看待某一主题的象征意义。在累积的强化过程中，能让受众由接纳走向认同，甚至是膜拜。当然，这样的做法会有操纵的嫌疑，即使动机是善意的，依然难以否认其背后隐秘的操纵事实。但这也许就是大众传播时代的两难命题，一方面，公众信息传递的理想是透明公开、自由公正；另一方面，则是必要的信息控制，以维护政体安全的权力需求。在多数情况下，必须做出取舍，没有折中路线。

　　国家领导人在 2008 年 8 月 8 日以午宴的方式招待来华参加北京奥运会开幕式的各国政要、王室成员等贵宾，宴会上最重要的环节就是欢迎致辞，而这一致辞的背景就是这块巨大的背景板，国家领导人在这块背景板前的致辞镜头将向全球转播，有近景画面，有远景画面。可以想象，这块背景板上的图像所承载的已不是简单的美学思考，它已成为一个国家的时代象征。

　　在这块背景板画面主题的选择过程中，牡丹最终替代了长城，这是一件极有意味的事情。在各种奥运形象设计项目中，我们不止一次地提交过长城的主题，如运动员获奖证书的背景图案最终就选择了长城。但长城是有争议的图像：一方面，长城是人类建筑史上的奇迹，是中华民族勤劳勇敢与智慧的象征，是中国人最引以为豪的图像之一。另一方面，长城的防御功能所引发的封闭、排斥、非开放性的意象，又使得这一图像在当代全球化、开放性的语境中，多少显得有些保守；在某些刻意的放大过程中，更有可能被曲解成为一种当下中国对周遭世界的一种态度。事实上，在运动员获奖证书上使用长城图案曾引发过这样的担忧，然而，长城所具有的宏伟壮丽的中国意象又让人无法割舍，毕竟那是我们的祖先自秦朝一直延续到明代持续在修建的、至今依旧屹立在中国山河大地上的、为数不多的建筑奇迹，它蜿蜒曲折于崇山峻岭中的身姿，可以说是龙的传人坚毅不屈、长生久视的最佳象征。最后决策层还是下了决心，在运动员获奖证书——这一具有长久纪念与史料记载意义的文件上，使用长城图案作为背景，但长城图案最终使用了水印的方式，颜色在修改过程中一再减淡，以最大限度地弱化，但又隐约能够看见。在这一技术层面上对长城的处理，从另一个侧面说明了决策者的矛盾心态与决策的艰难。

　　人民大会堂宴会厅的背景板上的长城图案是否真的就是因为与一楼北大厅屏风上的长城图案重复而去掉，还是有其他更为深刻的疑虑或更为深远的考虑？使用牡丹是否仅仅因为领导曾经表示赞赏？如此等等，已不可知，但在我看来，背景板最终去掉长城和鸟巢的图像，而选择牡丹，显然是安全性的考虑最终占了上风。从理论上讲，这次宴会毕竟是北京奥运会的一个开场环节，使用鸟巢这一北京奥运会主会场图像是无可非议的。鸟巢作为北京奥运会的主会场，其前卫的设计具有"新北京、新奥运"的时代特征，鸟巢与中国古代历史文化遗存长城并置，则可体现出中国传统文化与奥林匹克的完满结合，这种结合不仅契合北京奥运会的人文主题，也与国际奥委会的中国战略目标相一致。但出人意料的是，不仅把长城去掉，鸟巢也被去掉了，取而代之的是选择了中性的牡丹图案。牡丹在中国为百花之王，牡丹之兴始自盛唐，一直是典型的太平盛世的象征图像，流传至今，其象征性未有丝毫改变。牡丹与长城相比，其图像象征性单纯、中性，除去富裕荣华的象征，不易引发其他负面联想。牡丹取代长城与鸟巢，意味着决策层在背景板主题的考量上最终选择了最为安全的图像策略。

2008年8月8日，亿万人通过电视见到了背景板的最终样子：与宏伟壮丽的人民大会堂宴会厅相配合的超大尺寸的背景板上，绘制了大朵的牡丹，花团锦簇、红黄辉映。国家领导人站在这块背景板前，向来华嘉宾、运动员、向全世界表达中国式的欢迎。我相信任何人都会说这就是今日富裕祥和、强大友好的中国的最好写照。但一个中性主题的最大特点就是缺乏关注度与记忆度，好在这只是一块背景板，"背景"的字面含义本来就是退在后面，起烘托辅助的作用。就这一点而言，牡丹的中性性质又似乎恰到好处：让宴会的环境祥和喜庆，而不会引发过度关注或记忆。

北京奥运会由"新北京、新奥运"展现中国开放创新面貌的主题开始，经历了科技奥运、绿色奥运、人文奥运等主题深入。然而，在北京奥运会火炬全球接力过程中遭遇到一些反华组织与势力的抗议，加上国际恐怖组织活动的日益猖獗，安全问题逐渐演变成为所有奥运事务中的焦点问题。各种因素的权衡结果，使得"安全奥运"最终成为第一诉求。于是，安全、平和、顺畅就成为所有北京奥运项目的基本要求，也是最终目标。在临近2008年8月8日北京奥运会开幕之际，几乎所有参与北京奥运会的各级人员的神经都已绷紧到极限，人民大会堂宴会厅的背景板的设计就是在这样一种时机与氛围中展开的，事无巨细、草木皆兵、严阵以待、万无一失，人民大会堂宴会厅背景板主题的反复更改与最终确定，可以看做是这一最高安全策略的图像体现。

第二节 注释

1 （春秋）左丘明：《左传·宣公三年》。
2 《国语》卷五·鲁语下。
3 嘉靖八年，谕阁臣张璁："衮冕有革带，今何不用？"璁对曰："按陈祥道《礼书》，古革带、大带，皆谓之。革带以纁佩韨，然后加以大带，而笏摺于二带之间。夫革带前系韨，后系绶，左右系佩，自古冕弁恒用之。今惟不用革带，以至前后佩服皆无所系，遂附属裳要之间，失古制矣。"帝曰："冕服祀天地，享祖宗，若阙革带，非齐明盛服之意。及观《会典》载蔽膝用罗，上织火、山、龙三章，并大带缘用锦，皆与今所服不合。卿可并革带系蔽膝、佩、绶之式，详考绘图以进。"又云："衣裳分上下服，而今衣恒掩裳。裳制如帷，而今两幅。朕意衣但当与裳要下齐，而露裳之六章，何如？"已，又谕璁以变更祖制为疑。璁对曰："臣考礼制，衣不掩裳，与圣意允合。夫衣六章，裳六章，义各有取，衣自不容掩裳。《大明集礼》及《会典》与古制不异。今衣八章，裳四章，故衣常掩裳，然于典籍无所准。内阁所藏图注，盖因官司织造，循习讹谬。今订正之，乃复祖制，非有变更。"帝意乃决。因复谕璁曰："衣有六章，古以绘，今当以织。朕命织染局考国初冕服，日月各径五寸，当从之。裳六章，古用绣，亦当从之。古色用玄黄，取象天地。今裳用纁，于义无取，当从古。革带即束带，后当用玉，以佩绶系之于下。蔽膝随裳色，其绣上龙下火，可不用山。卿与内阁诸臣同考之。"于是杨一清等详议："衮冕之服，自黄、虞以来，玄衣黄裳，为十二章。日、月、星辰、山、龙、华虫，其序自上而下，为衣之六章；宗彝、藻、火、粉米、黼、黻，其序自下而上，为裳之六章。自周以后浸，变其制，或八章，或九章，已戾于古矣。我太祖皇帝复定为十二章之制，司造之官仍习舜讹，非制作之初意。伏乞圣断不疑。"帝乃令择吉更正其制。冠以圆匡乌纱冒之，旒缀七采玉珠十二，青纩充耳，缀玉珠二，余如旧制。玄衣黄裳，衣裳各六章。洪武间旧制，日月径五寸，裳前后连属如帷，六章用绣。蔽膝随裳色，罗为之，上绣龙一，下绣火三，系于革带，大带素表朱里，上缘以朱，下以绿。革带前用玉，其后无玉，以佩绶系而掩之。中单及圭，俱如永乐间制。朱袜，赤舄，黄条缘玄缨结。[（清）张廷玉等《明史》卷六十六·志第四十二]
4 （西汉）司马迁：《史记》卷三·殷本纪第三。
5 （春秋）左丘明：《左传·昭公十七年》。

6　（西汉）司马迁：《史记》卷八·高祖本纪第八。
7　参见网页 http://news.sohu.com/08/59/news145265908.shtml
8　参见网页 http://bbs.house365.com/shtml/b346/1993318_1.htm
9　参见网页 http://www.tianya.cn/publicforum/content/sport/1/139458.shtml
10　参见 2008 年 7 月 24 日《新京报》。
11　参见网页 http://www.aov1.cn/?m=200807
12　（明）邱濬：《大学衍义补》卷三十六，四库全书本。
13　（西汉）戴圣：《礼记》·乐记第十九。
14　（西汉）司马迁：《史记》卷二十三·礼书第一。
15　（西汉）司马迁：《史记》卷二十三·礼书第一。
16　［法］孟德斯鸠：《论法的精神》上卷，北京：商务印书馆，2009，第 24 页。

第三节 "击缶而歌"与"永字八法"

2008年春节期间,在央视第五频道播出的每天一集的"奥运档案"节目中,有一集名为"击缶而歌",该集介绍奥运开幕式上"击缶而歌"节目的诞生过程。我注意到作为北京奥运会开幕式第一个出场的节目,在导演看来,"击缶而歌"的审核重点是编舞的形式是否独特,光声电等技术是否稳定等问题,而最为决策层关注的则是"缶"谐音"否","意头"不吉祥的问题。

北京奥运会开幕式上的"缶"的造型源自湖北曾侯乙墓出土的青铜冰鉴,因此这个"缶"的造型不是乐器,而是古代冰箱,道具人员在上面蒙着一层东西,用以击打发声,其发声原理更像是一面鼓。

《说文解字》释"缶":"缶,瓦器,所以盛酒浆,秦人鼓之以节歌。"[1]缶最早是古代中国人用以盛酒浆的瓦器,因秦人在宴饮时常击缶节歌,而引为助兴的乐器。中国古代乐器有"金、石、土、革、丝、木、匏、竹"八类,[2] "土"就是陶类乐器,有埙、陶笛、陶鼓等,缶入土部,但未见诸陶类乐器名,所以缶充其量是一种等级很低的乐器。在中国历史上最有名的击缶故事,莫过于蔺相如逼秦王击缶的外交事件了:

> 秦王饮酒,酣,曰:"寡人窃闻赵王好音,请奏瑟。"赵王鼓瑟。秦御史前书曰:"某年月日,秦王与赵王会饮,令赵王鼓瑟。"蔺相如前曰:"赵王窃闻秦王善为秦声,请奉盆缶秦王,以相娱乐。"秦王怒,不许。于是相如前进缶,因跪请秦王。秦王不肯击缶。相如曰:"五步之内,相如请得以颈血溅大王矣。"左右欲刃相如,相如张目叱之,左右皆靡。于是秦王不怿,为一击缶。相如顾召赵御史书曰:"某年月日,秦王为赵王击缶。"[3]

秦王以令赵王为之鼓瑟助酒的方式,羞辱赵国,蔺相如针锋相对,还以颜色,要秦王敲击缶,"以相娱乐",于是秦王怒,纷争起。最终,在蔺相如放言血溅五步之后,以秦王屈服、击缶告终。中国作为礼乐大国,有那么丰厚的音乐遗存,却在北京奥运会上指鉴为缶,可谓黄钟毁弃,瓦釜雷鸣。然而在"击缶而歌"节目送审的过程中,这些问题均没有引起决策层的关注,引起有关领导高度重视的是"缶"字的谐音。"缶"字谐音"否",有"否定"的意思,而"击缶而歌"作为开幕式出场的第一个节目,开场即否,意头不好,于是有关领导问创作小组能否易"缶"为"柷","柷"也是中国古代乐器,其音谐"祝"。创作小组不敢怠慢,迅速找到相关专业人员进行研究,论证以"柷"代"缶"的可能性。很快,调查研究表明,"柷"是中国历代宫廷雅乐用器,从木部,是打击乐器。《说文》释"柷":"柷,乐木空也,所以止音为节。"[4]《尚书·虞书·益稷》记载:"下管鼗鼓,合止柷敔,笙镛以间。"[5]郑玄注:"状如漆筲而有椎,合之者,投椎其中而撞之。"[6]根据文献及清代传世实物,柷的形状为方形木箱,上阔下窄,使用的方法为,以木棒撞其内壁发音,以示雅乐将起。音乐专家指出,"柷"是敲内壁发声,所以上面必须是空的,不能蒙着一层东西,虽然上古雅乐的传统在中国已中断,但在周边国家如韩国依然留有遗存,韩国在宗庙祭祀时仍在使用传自中国的古乐器"柷"。如果我们非指着蒙着一层东西的所谓"缶"为"柷",则可能为人诟病,传为笑柄。

"慎始而敬终,终以不困。"[7]"慎始敬终"是中国人对待所有重要事情的传统态度,在古人看来,有什么样的开头就有什么样的结局,要想事物沿着希望的方向发展,开头第一步至为重要,只有"慎始",方能"全终"。易曰:"君子慎始。差若毫厘,谬以千里。"[8]这说明见微知著、止邪于未形是"慎始"的关键,止邪在乎正名,所谓"名不正则言不顺,言不顺则事不成,事不成则礼乐不兴,礼乐不兴则刑罚不中,刑罚不中则民无所措手足。"[9]所以,"慎始"的第一件事就是正名,大至国家的祭祀、征伐,小至庶民的冠、昏、丧、祭等,第一位的问题就是要师出有名或名正言顺。

正名始自黄帝,"黄帝正名百物,以明民共财。"[10]"以明民者,谓垂衣裳,使贵贱分明得其所也。"[11]黄帝正名的本意就是分别礼数,令其各安其所,各本其分,而这正是礼的基本诉求,所以对"正名"的强调,还是为了维护其表象下的礼的秩序。礼立而群分,礼的功用是用来规范社会的伦理与等级秩序,对伦理与等级秩序的承认与遵守则是社会和谐安定的基本前提,而这一过程的起始与最终表现都是以名分的形式体现的。对"正名"的高度重视,其本质是对礼的符号象征性的重视。在古代社会,人们把名号、仪礼等象征性符号等同于事实,对它们的僭越或违背就意味着真实的社会秩序的毁坏或崩溃，必然造成社会的急剧动荡与混乱，这就是所谓"礼崩乐坏"的真实内涵。在最严峻的古代皇权更迭的政治斗争中，凡举事必"正名"。"正名"是所有颠覆行动合法化的前提，如曹操虽有僭越之心，却不得不采用谋士毛玠的建议，"奉天子以令不臣"[12]，以尊汉献帝之名，方能挟天子以令诸侯；明燕王朱棣靖难之役，旨在夺侄建文帝皇权，但也是以所谓"清君侧"为名；庶民生活也一样，如"明媒正娶"，是指经媒人说合、父母同意，并选黄道吉日以传统仪式迎娶的正式、有名分的婚姻。

这种将符号等同于事实的"名"与"实"的高度关联，是古代中国群体社会意识的一个突出特征，在日常生活中，这一对符号象征性的敬畏，演化成为"避讳"的制度或礼俗。"避讳"不仅体现在天子等级制度当中，也同时体现在百姓日常的生活习俗之中，在日常"避讳"的种种规矩与禁忌里，语言、文字、图像，包括动作姿态的"意头"的吉凶正邪，是一件不可不察的头等大事，国人认为"意头"虽发微于无形，但关乎未来整个事件的顺逆吉凶。以中国人最重要的节日春节为例，正月是一年之始，所以是新的一年年运的开始，"慎始"即通过语言及行为讨"好彩头"，凡是"死""没""光""破""坏""杀""穷""输""鬼""病""痛"等不吉利的字眼或谐音，一律禁止出口，以免一"光"出口，一年窘迫。纵有疏漏，如锅碗瓢盆不慎打碎，得马上说"碎碎平安"之类的吉祥话弥补。春节家家户户贴的年画中的吉祥纹样，也是以图形谐音的方式，讨吉祥、祛灾祸，如画一只雄鸡，则"鸡"与"吉"谐音，象征大吉。

文字的谐音在中国人的生活中扮演着极为重要的角色，它可以是内在心意、情怀的含蓄表达，如"东边日出西边雨，道是无晴却有晴""春蚕到死丝方尽，蜡炬成灰泪始干"之属；也可以是"二猿断木深山中，小猴子也敢对锯（句）；一马陷足污泥内，老畜生怎能出题（蹄）"之类的急智与诙谐，在增添乐趣笑料的同时，激荡了我们的脑力，提升了我们的心智。文字的"意头"丰富了中国人的象征世界，它既是祛凶避祸、师出有名、安抚人心的重要手段，也是平淡的日常生活中重要的乐趣与谈资。这就是为什么"缶"谐音"否"，看似虚无缥缈的一桩小事，却引发了决策层高度关注的内在原因。

在"缶""柷"之辩的表象下面，折射出的是慎始敬终的传统观念，以及"名正、言顺、事成、礼分、和同"的中国传统公共意识。"击缶而歌"作为北京奥运会开幕式首个出场节目,开头既"否",寓意不祥,不符"慎始""正名"的传统礼俗。而"柷"谐音"祝","祝"本为祭祀用语,具有"开场献祝"的祥瑞意头,以"柷"代"缶",在理论上当然是一个好的选择,然而最终决策层还是沿用了原来的名称"击缶而歌"。在专家提供的所有信息中,最引起决策层关注的是邻近亚洲国家至今还在使用"柷"这种乐器,这就意味着"柷"的活体文化仍然存在。

随着中国经济的快速发展,不断增长的经济资源正在逐步转化为政治与文化影响,中国悠久的历史文化传统,特别是近年来持续提升的经济实力与大国形象,都促使着中国在全球事务特别是东亚事务中发挥其应有的主导作用,"财富像权力一样也被看做是优点的证明和文化优越性的显示。当东亚人在经济上获得更大成功时,他们便毫不犹豫地强调自己文化的独特性,鼓吹他们的价值观和生活方式优越于西方和其他社会"。[13] 作为源自中国、盛行于许多东亚国家的儒学,自20世纪80年代起已成为中国政府承认的中国文化的主流,物质的成功必然带来对文化复兴与伸张的渴望,儒学所特有的强调权威、秩序、和谐、群体意识的价值观及其实践,是联系东亚文化圈的核心意识形态,文化共同体在国际事务中正演化为独特的软权力。当北京奥运开幕式用活字的方式拼出巨大的"和"字时,这一代表儒学核心的纲领性文字让全世界为之震撼,它显示出正在兴起的、以中国为核心的东亚文化的诉求与价值取向。

然而自"文革"以来,我们对自己传统的漠视、疏离与割裂的状况,却令人担忧。以祭祀为例,韩国作为与中国具有相同儒学文化传统的邻国,至今在其最重要的国家祭祀——"宗庙大祭"中,严格遵循始自15世纪的王室典章制度的祭祀仪轨、佾舞礼乐,而追本溯源,"宗庙大祭"其实是中国周制的敬祖孝宗的祭祀传统的支庶与流变。2011年,持续传承达五百年之久的韩国宗庙祭孔乐及宗庙祭礼乐,被联合国教科文组织选定为世界非物质文化遗产杰作。[14] 而作为这一传统的发源地,我们已基本丢弃源自周礼的汉文化祭祀传统,现如今,在中国各地的各种级别的祭祀神灵、祖先、前贤的活动中,祭祀仪礼不合制度,任意为之,使得本应体现出传承与敬畏的祭祀活动轻佻浅薄、漏洞百出,而其动机多为发展旅游、招商引资或所谓"形象工程"。在这样尴尬的现实面前，我们如果再指"缶"为"柷"，必然遗人笑柄，自己都无视自己安身立命的文化传承，如何能成为这一伟大传承的当代主导者？

"缶""柷"之辩再次表明，文字"意头"等礼俗传统，看似已远离当代生活，但事实上它们一直存活于我们的精神世界，不离不弃，始终如一。礼俗传统在当今乃至未来中国重大公共决策过程中，仍是需审慎对待的大事。

"缶""柷"之辩让我联想起在奥运形象设计中遇到的文字主题的审核过程。在传统语境中，我们用"诗中有画、画中有诗"来描述文字与图像水乳交融、交相辉映的关系，中国人在自幼年的文字教习过程中既已体验到好的文字有如画一般的意境，但又只可意会，无法真的落实在笔墨丹青之中。在那些需要直抒胸臆的时刻，古代中国人会选择更为抽象的书法形式，因为书法的轨迹离心的距离更近，或者说它就是心灵袒露的直接形式。书法之所以能做到这一点，是因为汉字的"形"与"意"从来就是浑然一体的，它将心灵对自然的直接感受升华到人所能达到的最简化也是最本质的形式顶峰，它彻底摆脱了个体心灵呈现时的一切世俗物象的牵挂与束缚，但同时又没有一刻远离它的生成背景，没有成为干枯乏味的抽象。书法的趣味与格调可谓是妇孺皆知，因为知识的教化在中国是从一支柔软的毛笔开始的，所以书法不仅是所有北京奥运形象设计人员重点考虑及尝试的传统形式之一，同时也为决策层所重视。

从主徽"中国印"开始，汉字就开始成为北京奥运形象景观的主要构成元素之一，北京奥运主徽设计在历经重重审核之后，最终定义为印章形式，以一个看似舞动的人的"京"字为主题。这一对汉字主题的肯定，意味着对汉字以书法形式进入北京奥运形象系统的肯定，之后名为"篆书之美"的系列图标设计，以其鲜明的中国书法的形式特点被最终确定为北京奥运的体育图标，这一对汉字形式的再次肯定让我们坚信书法会成为北京奥运形象系统的最重要的视觉语言。但遗憾的是，汉字主题在北京奥运核心图形创作过程中却遭遇了整体性失败，无一幸免。

2005年，中央美术学院开始参与北京奥运核心图形的设计竞赛。在我们设计的众多方案中，有三个提报方案均以汉字为主题，分别是"云祥水吉""天人合一""唐图"，而其中，最重要、也最为大家看好的是"唐图"方案。

图 1-07，北京奥运核心图形设计方案"唐图"

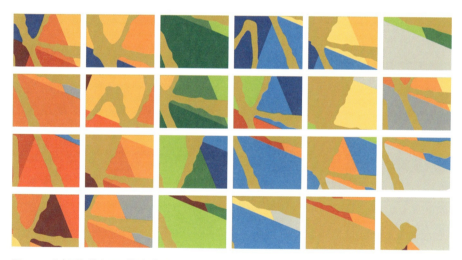

图 1-08，"唐图"核心图形切割使用

图 1-09,"唐图"核心图形使用示意

图 1-10,"中国图"图形切割运用示意

该方案使用楷体"永"字为主题,背景采用中国古代益智玩具七巧板,楷体"永"字的书法笔触与七巧板的直线结合,具有既古典又现代的视觉特征,同时七巧板多彩、多肌理的视觉变化又丰富了图形的表现力。该图形采用切割的方式,针对不同的运用环境,选用不同比例的图形切割单元。回想我们所有的核心图形方案,几乎都不约而同地采用切割的方式,事实上,切割是往届奥运会图形设计与运用的常见方法。往届奥运会的经验告诉我们,针对奥运环境的不同需求来切割选取不同比例的图形单元,能灵活应对奥运形象景观运用领域或环境的复杂性与不确定性。但也正是这一切割的方式,让我们所有的文字主题的核心图形方案出现了问题。

在"唐图"出局之前,最先出现争议的是"云祥水吉"方案,该方案出于一个奇特的想法:用书法的形式写一首诗作为图形主题,以体现中国文化所特有的诗书一体的艺术特征。该想法曾令领导很感兴趣,但方案一进入实际的创作状态,问题就层出不穷:选谁写的诗,是古人还是今人?是诗人的诗还是领导人的诗?而诗歌的内容也是一个难以抉择的问题。接下来的问题是谁来写,是找书法家还是找领导人写?如果找书法家,谁的书法能代表中国当代书法的水平?如果找领导人写?像毛主席那样的政治家兼诗人、书法家,只能是一个不可复制的特例。纵然这些问题都解决了,这首以书法形式体现的诗歌一旦成为图形,在切割使用时,也很难保证切割的单元图形中的文字个个都完整,读起来都没有歧义。于是,所有的人都意识到这是一个不可能完成的任务,最终"云祥水吉"方案被放弃了。

"天人合一"方案同样也没能幸免。"天人合一"方案以甲骨文"日、月、山、水、木、火"等文字作为基本元素,象征人与自然的和谐、天人合一的世界观。背景则用丝绸水墨肌理,视觉效果很好,获得国际奥委会形象设计总监及专家好评。在小组成员反复调整背景与文字之间的视觉关系时,领导更多关注的是所用文字的意义,"日、月、山、水、木、火"等文字的字面与象征意义是什么?它们组合在一起会发生什么变化?有无问题?是否有典型性?能否代表中国文化,等等。汉字的多义性与极强的象征性,让任何一个决策者都不得不审慎地对待每一个文字及其组合。"日、月、山、水、木、火"之属显然不能成为中国文化的典型象征,事实上,找到某一个或某几个让全体中国人都认可、满意,能成为中国文化典型象征的文字,其本身就是

图 1-11，北京奥运核心图形设计方案"天人合一"

图 1-12，北京奥运核心图形设计方案"云祥水吉"

图 1-13,"天人合一"图形运用举例

一个艰难的任务。"天人合一"及"云祥水吉"两个文字主题方案虽然形式差别很大，但有一个共同特点，就是所用文字很多，而在一个画面里只要有两个以上的文字，无论设计初衷如何，受众都会自觉或不自觉地将文字按不同方向或方式连读，其后果极有可能出现意料之外的字词含义，轻则与表现内容无关，重则相悖甚至出现负面的含义，在某种刻意的曲解过程中，更可能引发灾难性的后果。

对文字的曲解曾造成中国历史上臭名昭著的"文字狱"，始于康熙，盛极于雍正、乾隆的清代"文字狱"就是其中最典型的代表。清代"文字狱"始于康熙年间的庄廷鑨明史案，明史案开启了始以文本中的文字疏漏错讹为由，或干脆对文辞的假借、谐音、寓意、象征等进行牵强附会的曲解引申，终以"逆书"治罪索命的恶劣先河。雍正年间的谢济世案、陆生楠案，曾静、吕留良之狱，均以"多有悖逆之词，隐藏抑郁不平之气"获罪。通过曲解文字的方式酿造文字狱的案例当以清乾隆年间的胡中藻案最为典型，因内阁学士胡中藻诗集《坚磨生诗钞》中有"一把心肠论浊清""天非开清泰""斯文欲被蛮"等诗句，乾隆帝亲自批驳："'一把心肠论浊清'，加'浊'字于国号之上，是何肺腑？"宣布要"申我国法""正尔嚣风"。[15] 最终，胡中藻以"悖逆之词"获罪，被凌迟处死，家眷监禁、家产籍没。胡中藻为鄂尔泰的党羽，与张廷玉一派官僚相仇，所以胡中藻获狱不是简单的文字的"悖逆"所致，而有其内在的、更为复杂的朋党相争等政治因素使然。所谓"文字祸心"，不过是罗列罪状、编织罪名的手段，但以文获罪显示了文字所隐含的潜在风险，这些风险让政治风波中人的命运更加风雨飘摇，"避席畏闻文字狱，著书皆为稻粱谋"。[16]

汉字是现存的、仍在使用的一种以象形为主要特征的文字，其形意的特点让"望文生义"的揣摩与猜测成为文字理解与演绎的主要方法与手段。"文字狱"引发的那种"少年戏笔，老年得祸"吉凶无常的恶性后果，让中国人在之后的历次政治风波中屡受白纸黑字的惊吓与磨难，离我们最近的"文革"中的"文字狱"依然恍若昨日、历历在目，这让普通中国人在重大场合或事件中对文字高度敏感与异常警觉：文字是活的，充满变数的，其意义会随着人心的变化、局势的变迁而随时变形，成为杀人的暗器、乱象的契机。这就是文字的风险与威力。

历史的经验与血的教训让中国公众以超乎寻常的敏感与热情去猜度任何出现在公共场合、公共事件中的文字信息的潜在寓意与真实内涵，以期获得大至国家治乱兴亡、小至个人吉凶祸福的蛛丝马迹。而为了应对公众可能出现的种种猜疑与舆论反应，决策层在重大公共活动或事件的决策过程中，对文字，特别是标题文字的定夺，采取了最高安全标准。在北京奥运会形象设计这一举世瞩目的重大公共项目决策中，主题文字的选择要确保没有任何争议，消除任何潜在的负面含义与象征，以确保万无一失。"天人合一"及"云祥水吉"方案中由多个文字的关联所引发的多义性与不确定性，显然难以达到这一要求，但"唐图"的方案只有一个单字"永"，"永"的字面含义及象征意义都是吉祥正面的，看似不会有任何问题，再加上前有主徽"中国印"单个"京"字的成功先例，更增强了我们对这一方案的信心。然而事实上，即使是"京"字也逃脱不了多重读解的争议漩涡。以下是主徽"中国印"发布时的官方说明：

形象

"舞动的北京"是这个城市的面容。它是一种形象，展现着中华汉字所呈现出的东方思想和民族气韵；它是一种表情，传递着华夏文明所独具的人文特质和优雅品格。借中国书法之灵感，将北京的"京"字演化为舞动的人体，在挥毫间体现"新奥运"的理念。手书"北京2008"借汉字形态之神韵，将中国人对奥林匹克的千万种表达浓缩于简洁的笔画中。当人们品味镌刻于汉字中博大精深的内涵与韵味时，一个"新北京"诞生了……

精神

"舞动的北京"是中华民族图腾的延展。奔跑的"人"形，代表着生命的美丽与灿烂。优美的曲线，像龙的蜿蜒身躯，讲述着一种文明的过去与未来；它像河流，承载着悠久的岁月与民族的荣耀；它像血脉，涌动着生命的勃勃活力。在它的舞动中，"以运动员为中心"和"以人为本"的体育内涵被艺术地解析和升华。言之不足，歌之；歌之不足，舞之蹈之。活力的北京期待着2008年的狂欢，奥林匹克期待着全人类与之共舞。[17]

在主徽"中国印"正式向全球发布之后，公众对该方案的讨论与争议集中在"京"字本身。作为设计师，采用举办地的名称作为会徽设计主题是常见的选择，为了体现"舞动的北京"的概念，设计师将"京"设计成一个跳舞的人的形状，最终以印章的形式象征北京对世界的承诺。这种试图将人形与文字结合的形式得到决策层认可，但是自它诞生的一刻起，争议就没有停止过，有人认为"京"字不规范，是一个错别字；有人干脆认为不是"京"字，而是"文"字；[18] 有人认为看上去不像是一个舞动的人，而像是一个残疾人，或一个戴草帽、伸手乞讨的人；有人认为字形偏软、金石味道不够，或干脆说设计师根本不懂书法，等等。汉字所特有的象形性给公众以巨大的想象空间，同时对汉字的熟悉与敏感又让公众对"京"的结构、造型细节过度关注，在大规模的群体性反复观看与对细节的苛刻推究过程中，"京"字开始变得漏洞百出、支离破碎。这就是主徽"中国印"中的"京"字的遭遇。可以想见，原本以为选择北京奥运举办地名称为会徽主题，应用中国所特有的印章艺术形式来表现，应该是一个安全而有特色的理想方案，但"京"字依然出现了出乎意料的、五花八门的公众反应。主徽"中国印"作为首次发布的最重要的北京奥运形象元素，其公众反应与舆论性质对之后的北京奥运形象设计决策会带来何种影响，是不言而喻的。

果不其然，在一次核心图形提案会上，与会领导表现出对"永"字的疑虑，并提出两种建议：一，沿用主徽"中国印"中的"京"，这一想法显然是基于安全性的思考，"京"字已运用于主徽，是得到官方认可的文字。二，基于更安全的思考，领导又提出可否用"和谐"二字替代"永"字？"和谐"是中国国学的核心，具有无可争议的文化典型性，同时中国正在建设"社会主义和谐社会"，"和谐"已成为国策的核心主题。事实上，北京奥运火炬接力的主题就是"和谐之旅"，"和谐"在某种程度上就是向全世界展示中国的政治态度与文化价值观念。然而，这一从宏观政策层面保全方案的变通想法，遭到了该方案主创人员的拒绝，他们认为，只有"永"字才能体现中国书法的典型特征，使用其他文字都将降低图形的视觉质量。但在我看来，既然不管使用什么文字，最终都得切割成局部来使用，那么使用"和谐""京"，与使用"永"相比，切割后的局部汉字笔画并不会有太大的视觉质量的差别。在第三次提案会上，该方案被彻底否决，否决的原因除却字的问题，还有专家指出"唐图"图形的直线分割形式与2004年雅典奥运核心图形有近似之嫌。然而，毋庸置疑，设计团队对"永"字的坚持是导致这一方案出局的主要原因。至此，包括"唐图"在内的所有文字主题的核心图形方案，均以失败告终。

"唐图"方案出局的教训在于，在中国重大公共形象设计项目决策中，由于文字的多义性所可能引发的风险远比图像要大得多，因此，在决策过程中最高决策层往往采用更为审慎、更为严格的处理方式对待文字的主题。以文字为主题的设计动机是体现中国特有的书法艺术的趣味，但在具体使用什么文字的问题上遇到了障碍。这一难题，对于我们这些惯于与图像打交道的设计人员而言，是难以应对的；同时，文字作为图形，在切割、组合、重构过程中，存在着很多不确定的呈现与读解方式，以及种种读解背后不确定的公众反应，这种无法预知、无法控制的不确定性，是以确保舆论安全、万无一失为终极目标的北京奥运所无法接受的，汉字特有的多音、多义、不确定性的属性，其实在一开始就决定了以文字为主题的它或它们最终出局的命运。

第三节 注释

1 （汉）许慎：《说文解字》一〇九上，北京：中华书局，1981。
2 "大师掌六律、六同以合阴阳之声。阳声：黄钟、大蔟、姑洗、蕤宾、夷则、无射。阴声：大吕、应钟、南吕、函钟、小吕、夹钟。皆文之以五声：宫、商、角、徵、羽；皆播之以八音：金、石、土、革、丝、木、匏、竹。"（《周礼·春官宗伯第三》）
3 （西汉）司马迁：《史记》卷八十一·廉颇蔺相如列传第二十一。
4 （汉）许慎：《说文解字》一二四上，北京：中华书局，1981。
5 （春秋）孔丘：《尚书》虞书·益稷第五。
6 （汉）郑玄注，（唐）贾公彦疏：《周礼注疏》卷二十三。
7 （春秋）左丘明：《左传·襄公（元年—三十一年）》。
8 （西汉）戴圣：《礼记》经解第二十六。
9 （春秋）孔丘：《论语》子路第十三。
10 （西汉）戴圣：《礼记》祭法第二十三。
11 （汉）郑玄注，（唐）孔颖达疏：《礼记正义》卷四十六·祭法第二十三。
12 （晋）陈寿：《三国志》卷十二·魏书十二。
13 ［美］塞缪尔·亨廷顿：《文明的冲突与世界秩序的重建》，北京：新华出版社，2005，第105页。
14 参见网页 http://chinese.visitkorea.or.kr/chs/CU/CU_CHG_3_4_5_1.jsp（韩国旅游局官网）
15 《胡中藻等俟拿解到京交大学士等审拟谕》《清代文字狱档》第一辑，上海书店出版社，2011，第36—38页。
16 （清）龚自珍：《己亥杂诗》《咏史·金粉东南十五州》。
17 参见网页 http://www.beijing2008.cn/spirit/beijing2008/graphic/n214068869.shtml
18 参见网页 http://blog.sina.com.cn/s/blog_5054769e0100lby1.html？tj=1

第四节　龙不见了

有心的人会发现在北京奥运形象系统中没有"龙"的形象。

在北京奥运形象景观设计项目启动之初，北京奥组委对所有设计项目都提出两点纲领性要求：一，有中国特色；二，国际化。中国特色的定位，意味着北京奥运的形象设计肩负着向全球传递中国传统文化与艺术价值的使命，这其中的核心与难点是古老而复杂的传统意识形态的现代阐释，无论是以文字还是图形的方式。中国文化讲求师出有名，传统图像的选择与恰如其分的阐释，是一切北京奥运形象设计项目的开始，也是最终的目标。

"龙"，作为中国最古老也是最重要的图像，几乎是所有设计团队或个人进行奥运形象设计时的首选元素之一，在会徽、吉祥物、核心图形等创作过程中，几乎都有人试图用"龙"作为创作主题。但最终所有"龙"的方案都落选了。"龙"的出局，显然在所有人的意料之外，然而几乎在所有与奥运相关的物品、场所与环境中，"龙"的形象又比比皆是，这一看似矛盾的表象之下究竟蕴含着什么？

对"龙"的落选，北京奥组委第一次正式的对外解释，出现在奥运吉祥物发布之后：

北京奥运会吉祥物方案的产生凝聚了无数艺术家和社会各界代表的心血，是一件集体智慧的结晶。

2004年12月15日，在北京奥组委16楼会议室，陈逸飞、郑渊洁等24名在艺术、文化领域具有杰出成就的专家学者，对662件吉祥物有效参赛作品进行艺术评选。

12月17日，由著名艺术家靳尚谊、常沙娜等10名中外专家组成的推荐评选委员会，对进入推荐评选阶段的56件作品进行了审阅和评议。

……

4月29日第53次执委会上，北京奥组委的执委们对吉祥物修改方案进行了审定，认为"中国娃"（圣火、熊猫、鱼、藏羚羊、龙）的理念具有中国特色，选用一组具有中国文化代表性的形象作为北京奥运吉祥物，可以满足各界对吉祥物的期待。考虑到"龙"的形象在不同国家存在理解上的分歧，执委会建议用鸟的形象代替。

"五一"期间，韩美林根据各界提出的修改意见，对"中国娃"方案进行了进一步的修改完善，提出了以风筝"京燕"造型代替"龙"造型的修改方案。[1]

可见，在最终提报执委会的六件作品中，"龙"是其中的一件，不难想象，在设计者、专家以及广大群众心中，"龙"显然是不能缺失的重要形象之一。但作为北京奥运所有项目的终审机构，北京奥组委执委会出于对"'龙'的形象在不同国家存在理解上的分歧"的考虑，建议以"鸟"的形象代替，于是"龙"止步于最后一刻。最终，虽然北京奥运的吉祥物多达五个，但还是没有"龙"的一席之地。"龙"，这个中国人精神生活中最重要的图像落选了。

据相对确切的考古发现，"龙"在中国的历史长达五千多年。在甲骨文中，"龙"的形象是因时屈伸的灵虫，而双龙起拱即成为雨后彩虹的"虹"字。这一文字的象形隐喻了龙以致雨的功能，而风雨在看云识天气、看天吃饭的中国农耕社会是最重要的自然因素，对"龙"的崇拜与对雨水的渴望密不可分，从古到今，遍布中国乡村各地的龙王庙的主要功用即是旱季求雨，由此可见龙与雨水的渊源。农耕社会形态是华夏民族"龙"崇拜的地理环境基础。

《帝王世纪》记载：

> 炎帝神农氏，姜姓也。母曰任己，有蟜氏女，名曰女登。为少典正妃，游华山之阳，有神龙首感女登于尚羊，生炎帝……[2]
>
> 黄帝有熊氏，少典之子，姬姓也。母曰附宝，其先即炎帝母家有熊氏之女。附宝见大电光绕北斗枢星，照于郊野，感附宝，孕二十四月而生黄帝于寿丘。长于姬水，龙颜有圣德，战蚩尤于涿鹿，擒之。[3]

炎帝之母由于神龙感应而生炎帝；而黄帝之母"见大电光绕北斗枢星"而感应，孕有二十四个月后生黄帝，黄帝"龙颜有圣德"。炎帝由神龙感应而诞生，以及黄帝生而有"龙颜"的传说，旨在表明我们的祖先源自神龙。

这是目前已知的有关炎帝、黄帝与"龙"的渊源的最早文字记载，而之后有关"鲧死，三年不腐，化为黄龙，黄龙化作鲧的儿子禹"的传说，则显示了夏朝之初，我们祖先与龙的渊源。[4]

自汉代起，谶纬方术盛行，流行以丹砂等药剂炼不死药，并修炼长生不老之术。"龙"，经方士附会造作，被演化成修道升天的神兽。在《史记·孝武本纪》中，齐人公孙卿给笃信方术的武帝讲了一个申功鼎书中皇帝御龙升天的故事：

黄帝采首山铜，铸鼎荆山下。鼎既成，有龙垂胡须下迎黄帝。黄帝上骑，群臣后宫从上龙七十余人，龙乃上去。余小臣不得上，乃悉持龙须，龙须拔，堕黄帝之弓。百姓仰望黄帝既上天，乃抱其弓与龙胡须号。故后世因名其处曰鼎湖，其弓曰乌号。[5]

这就是著名的"鼎湖丹成，乘龙升天"的故事。在这个故事中，龙从天而降，地上的皇帝及群臣后宫依等级座次借龙飞升，无品小臣则只能拼命拽龙须以搭顺风车。由于人太多而龙须拔断，忙乱中皇帝的弓也坠地，大地上为数众多的百姓只能抱皇帝坠地的弓与龙须，望着绝尘而去的龙号啕大哭。这种御龙升天过程中贵贱有等、上下有别的意象，特别是绝尘而去的龙与地面上号哭的众生之间天人相隔的感伤意象，是对龙与百姓之间的距离的隐喻——"鼎湖龙远，攀髯靡及"。[6]龙从一开始就保持着与世俗社会，特别是与平民百姓之间的距离，在之后漫长的岁月中，龙在中国普通人的生活中，始终保持着居高临下、无法接近、与皇权相关的威仪与气派。

在中国，无论是与雨水有关的图腾崇拜，还是之后的皇权象征，龙从古到今都是与所有人的生活息息相关的、最重要的神圣图像，是中国人世俗生活中最重要的力量来源与精神支柱。

而在西方世界，龙则有另外一张面孔。

"Dragon"（龙）在英语中特指：一种传说中的怪物，一般被描述成有狮爪、蛇尾、翅膀及带鳞的皮肤，转而象征凶暴、难以驾驭的人，可怕或危险的东西。其形象在西方历史，特别是基督教历史中，具有特殊的意义。

在早期西方神话传说中，龙是忠心耿耿看守宝物的巨兽，在人们试图抢夺它看守的宝物时便会伤人。[7]龙作为护宝巨兽的形象一直延续到公元600年，在公元600年至1000年，基督教进入欧洲，逐渐改变了整个西方世界的意识形态，龙的内涵也随即发生了质的改变——龙被视为撒旦的化身。《启示录》里记载了大天使米迦勒与龙争战的故事：

  天上又现出异象来：有一条大红龙，七头十角，七头上戴着七个冠冕。它的尾巴拖拉着天上星辰的三分之一，摔在地上。……在天上就有了争战，米迦勒同他的使者与龙争战，龙也同它的使者去争战，并没有得胜，天上再没有它们的地方。大龙就是那古蛇，名叫魔鬼，又叫撒旦，是迷惑普天下的。[8]

  在基督教文学中，最有名的屠龙骑士是圣乔治。据说，圣乔治是生活在公元4世纪的一位罗马军官，他在旅行过程中遇到一条霸守水源的龙。龙每天要当地人供奉一名少女给它，否则就切断人们赖以生存的水源。圣乔治一枪刺死了巨龙，显示了上帝战胜魔鬼、正义战胜邪恶的力量。圣乔治骑在马上用长枪刺死巨龙的一瞬，成为日后西方绘画中描绘善恶之争的经典画面。

  直到今天，在西方日常的语境中，龙仍然是用来描述黑暗势力、自然灾害、恐怖主义、财政赤字、政治灾难等负面消息的常见词语与标签；在西方电影里，龙永远被描述为未来世界的毁灭者；在电子游戏中，龙同样被演绎成毁灭、暴戾的恶魔。在中国家长"望子成龙"的时候，西方家长则用"Everyone has to confront and slay a dragon"（每个人都必须面对与克服恐惧）去鼓励孩子战胜困难。这就是目前龙在西方的真实面目与处境。

  对于龙在西方世界的负面形象，中国学术界及民间组织一直在各种场合以各种方式努力区分东西方龙的不同本质，以期随着中国国力的增强、对外交往的增多，能在全世界塑造一个积极、正面、友善的中国龙的形象。这其中最典型的方式是为龙"正名"。一个与奥运有关的典型例子是，2005年11月12日，在距北京奥运会召开还有999天之际，中国太平洋学会、中国文化管理学会等单位在北京西南的中华文化园，举行了"中国形象·龙的正名"学术研讨会，研讨主题是"应对奥运来临，为中国龙正名"。与会人员认为，鉴于龙在东西方文化中都具有重要的象征意义，而出于历史的原因，长期以来中国龙一直被翻译成西方的"dragon"，但西方文化中的"dragon"与中国文化中的"龙",从外形到内涵都有重大差异,使用"dragon"一词代表中国"龙",在全球跨文化传播与沟通过程中,会引发不必要的误解与负面含义,所以提议将中国"龙"音译为"long",即恢复龙的正名。⁹

然而,同样出于对龙的东西方理解的差异性的担忧,也有人提出"去龙化"的观点。如零点调查公司的袁岳,就曾建议用熊猫代替龙来成为中国的标志,他认为龙具有皇权、霸气的特点,不适合"代表正在更加开放与自由的当代中国",而熊猫"性情温顺,姿态可爱",作为中国国家标志则没有任何负面联想。¹⁰ ¹¹

在一个跨文化传播的语境中,北京奥运形象设计中龙的形象的取舍,取决于两个参照系:一,外部世界对中国龙的形象的反应。二,我们对这种反应所持的态度。如前所述,东西方关于龙的内涵与象征存有巨大的差异,然而这种差异是否必然会引发对中国龙的误读?这种误读是否必然成为当代中国对外态度的引申?在另一端,决策层面对这种差异所持的态度,其实才是在龙的取舍问题上最终起决定作用的因素。

我们可以认为龙是我们民族最重要的图像,是我们民族精神的象征,而不过多理会或担忧外部世界的反应,或相信在一个文化多元化成为主流的当今世界,外部世界会以开放、尊重的态度来看待中国龙,因为对中国龙的认可意味着对中国文化的理解与尊重。龙出现在北京奥运会上,是世界正确看待中国龙、展示中国龙风采的最佳时机;但也可能采取另一种截然相反的态度,将外部世界对中国龙的形象的可能反应与态度上升到国家安全高度,采用最高安全标准,取消龙的图像,杜绝一切可能的负面意义与影响,从而避免一个在古代社会特定地域与文化环境中创造出的中国传统图像所引发的外界对当代中国的误读。前一种态度显然具有更广博的开放性与国际视野,但实际执行起来,谁也没法确保不出问题;第二种态度看似简单易行,不出差错,但实际后果未必尽如人意或没有副作用。

就公共图像的传播而言,公众对龙的第一印象至为重要,所以我们在核心图形及火炬核心图形的设计过程中,曾试图通过修改龙的形象的方式,来强化龙友善的一面,而削弱、淡化其凶悍的一面,这是与"为龙正名"的文字努力类似的"为龙正形"的图像努力。但汉唐以来的龙纹,特别是御用龙纹,但凡有盛世气象的,无一不威严雄伟、霸气十足。"礼,谓威仪也。"¹²

龙作为皇权的象征、礼制的最高体现，从来不具有世俗的亲和力。在国人的集体潜意识深处，很难勾勒出一个和蔼、亲切的龙的形象，一条温柔可亲的龙，也许只能出现在衰败的末世或恶搞的画面之中。

龙之所以能代表中国，成为千百年来中国人应对自然与社会无常变幻的精神支撑，最重要的图像特质就是其无与伦比的强盛气度与空前力量，对于这一特质的任何改变与否定，其实是另一种削弱、荼毒中国龙的不法方式，无论其初始动机如何。之后的设计实践证明，试图以图像的方式弱化龙凶悍的一面的所有努力，都是徒劳的，只要是有视觉质量的龙的形象，几乎离不开威严刚猛的视觉特征，否则就体现不出龙应有的张力与强度。在设计师考虑哪一代、哪一种龙纹更有艺术格调，更能体现盛世气象，以及如何才能让龙具有友善亲和的面貌的时候，决策层更多考虑的则是东西方文化中龙的差异性。在决策层看来，龙的形象是一个视觉象征，更是一种态度，在力争给世界一个平和、友善、开放的面孔成为主流意识的当下，中国龙所特有的威仪可能带来的专制、拒绝、距离感等视觉感受与龙在西方世界里所具有的凶残、邪恶、毁灭等负面内涵，让决策层再次采取安全第一、万无一失的图像选择策略，最终所有形象设计项目中的"龙"的提案都被否决掉了。

有意思的是，之后发生的事实却与决策层的预期大相径庭。

中国乒乓球队的队服使用了巨大而凶悍的龙头，中国女子花样游泳队队服使用了龙纹，奥运纪念品中更是充满了龙的造型——最受关注的奥运纪念品是玉制龙纹"中国印"；境内外媒体上龙的形象也比比皆是，奥运会比赛时，一家德国电视台来中央美院采访，特意送给我他们电视台制作的一枚纪念章。在这枚纪念章上，两条中国龙环绕在主徽"中国印"周围。这一源自以龙为邪恶象征的西方世界的小小礼物，居然是以龙的形象来表达对中国的友善。显然他们是很能分清东西方龙的不同之处，同时理解龙对于中国人的重要意义。

在我们善意而审慎地避免龙的形象可能传递不友善的负面信息时，外部世界依然将龙看成是最典型的中国图像，并以龙纹来表达对中国的理解与友善；中国的运动员依然以龙纹为取胜的图腾；百姓依然以龙纹为最祥瑞、最有纪念意义的礼物。在北京奥运这样一个特殊的、具有划时代意义的重要时刻，变幻莫测的龙再一次以出人意料的方式呈现在世人面前，对于外部世界

图 1-14，北京奥运会中国女子花样游泳队队服上的龙纹

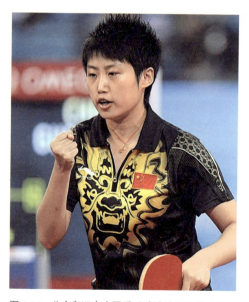

图 1-15，北京奥运会中国乒乓球队队服上的龙纹

而言，就像我们自己认为的那样，中国人，永远是龙的传人。无论我们基于什么动机，在主观上如何回避龙的出现，龙依然以它所特有的方式围绕在我们的周围，就如同在数千年沧桑的中国历史长河中，龙从来不会缺席任何我们生活中的重要时刻，龙始终与中国人的精神世界、世俗生活水乳交融，不离不弃。

龙被排除在奥运官方图像之外，显然是一个反应过度、过于保守的决定，这一决定再次体现了以"务必""确保"为关键词的最高安全策略下的图像抉择。通过规避、取消等硬性方式以求"确保"的思维方式，看似简单奏效，实则消极被动。取消龙的图像，并没有增大外界对中国的好感度。在和谐社会的语境下，重大公共形象决策中的传统图像的取舍，也需要与时俱进，有创新思路。

在奥运期间，民革中央法律委员高志凯先生以文章《鱼钩与长矛》提出有关奥运安保策略的新思路，这一创新思路以鱼钩与长矛作比喻：

> 北京奥运会期间，全球各派势力肯定会聚众闹事，这本身不足为奇。……必须对不同的闹事行为区别对待，有些闹事是鱼钩，有些闹事是长矛。鱼钩是指"绝大部分的亮旗、打标语、喊口号、上街集会游行等言论和行为，都属于'言论型'的言论或行为"。而长矛则是指"那些爆炸、劫机、劫持人质、杀人放火、下毒等破坏活动"。高志凯认为，中方有可能犯的错误是，用对付长矛的手段来对付鱼钩，或者错把鱼钩当做长矛。正确的方法是：
>
> 中方对付鱼钩要软处理，要宽容对待，不能过激反应，更不能用高压手段予以打击。因为绝大部分闹事的人都属于鱼钩类的闹事者，而且他们的很多"言论型"的言论和行为，在西方往往都属于法律保护范围之内，不必大惊小怪。中方应该藐视鱼钩，甚至可以对鱼钩适当地听之任之，这样一来，反而容易得到国际社会的赞赏。相反，对于长矛一定要果断出击，严惩不贷，毫不手软，并及时把真相公布于众。[13]

高志凯先生在距北京奥运会开幕不到一个月的时间写的这篇《鱼钩与长矛》，得到决策层的迅速反应，2008年7月30日上午，由公安部签发通知和文件，《鱼钩与长矛》被传达到每一个参加奥运会安保工作的一线武警官兵,[14] 成为北京奥运安保策略的纲领性文件。这是近三十年来,体制外的建议得到的最大的认可与最富效率的推进,显示出在奥运背景下,当代中国重大公共决策机制出现了前所未有的开明与高效。

这一奥运安保领域的建设性安全思路提醒我们,图像安全策略的要义在于:

相对于危机防范而言,当危机出现时的应对态度与方法更为重要。特别是在中国要融入国际社会,想塑造一个良好的、开放的国际形象的时刻,中国的挑战是如何做到适度反应,避免过度反应。在这样的思路下,对于图像象征问题而言,既然由地域、种族、文化所导致的图像认知的差异性是不可回避的现实存在,那么思考的重点不是如何避免负面言论,或让对方闭嘴,而是要把在特定图像认知问题上存在东西方的分歧和不同观点,看成是正常、自然的事情,采取不回避、不夸大、不过度反应的应对方式;对多元文化的尊重,不仅要体现在对外来文化的尊重上,更应体现在对自己本土文化的自尊上。对多元文化持有共生共荣的态度不仅符合和谐社会观,也合乎当下国际政治与文化潮流的普世价值与内涵。人类在漫长的历史进程中创造的典型地域性图像,往往蕴含着共通的人类精神与艺术价值,在跨文化交流与传播过程中,其认知与接受往往具有超越语言文字、超越文化屏障的神奇力量。北京奥运期间,世界各地民众对中国龙的形象的实际反应,充分证明了龙作为中国精神最重要的图像象征所具有的跨越政治、宗教、种族、文化的神奇力量与艺术魅力。这样一种建立在承认差异性、容忍不同观点、提倡多元文化共生的开放性的态度,也许应成为未来中国重大公共形象决策的努力方向。

"龙"出局了,而"凤"的审核却出人意料的顺利。

最早有关凤的文献记录,应该是"箫韶九成,凤凰来仪"。[15] "韶"为舜乐名,是礼乐文化的典型象征,韶乐九奏而致凤凰,据说凤的出现是礼乐兴盛、天下太平的瑞兆。在《昭明文选》中,"黄帝制十二管,以听凤凰之鸣,其雄鸣为六律,雌鸣为六吕,谓之律本"。[16] 则进一步说明,凤鸣是六律、六吕的律本缘起。《山海经·南山经》记载:"有鸟焉,其形如鹤……名曰凤凰。……是鸟也,自饮自食,自歌自舞,见则天下安宁。"[17] 凤凰雌雄唱和,是天下和谐安宁的象征。

音乐在中国古代不是愉悦感官的工具，而是"和"的象征，也是"致和"的主要手段。两千五百多年前，晋国音乐大师师旷为我们展示了音乐所能达到的令人屏息动容、惊天地、泣鬼神的至高境界：

平公大喜，起而为师旷寿。反坐，问曰："音无此最悲乎？"师旷曰："有。昔者黄帝以大合鬼神，今君德义薄，不足以听之，听之将败。"平公曰："寡人老矣，所好者音也，愿遂闻之。"师旷不得已，援琴而鼓之。一奏之，有白云从西北起；再奏之，大风至而雨随之，飞廊瓦，左右皆奔走。平公恐惧，伏于廊屋之间。晋国大旱，赤地三年。[18]

音乐关乎人的心性与道德，而人的心性与道德又关乎天地自然之道，所以乐不可妄作、妄闻。乐的提倡在古代中国并不是娱心自乐、快意恣为，而是正心、教化与治国的需要，音乐是调和、端正人心的最好工具。

黄帝以凤鸣为乐音的缘起，以及凤与凰的雌雄唱和的独特隐喻，让我们意识到凤与中国礼乐的深度关联。这种关联让凤成为中国和谐理念的最佳图像表达，而北京奥运火炬接力的主题正是"和谐之旅"。凤纹在从选择到决定的整个过程所呈现的从未有过的审批顺畅，显示了设计者与决策者在这一理解上的默契与共识。凤在中国是仅次于龙的重要图像，作为皇权的象征，龙与凤是皇帝与皇后的象征，但凤与龙相比，却没有拒人千里的距离感，而呈现出鲜明的亲和力与情感色彩。在实际运用中，龙纹作为九五之尊的象征，明代以后被限定于皇帝的专属图像，不得擅用；而凤纹虽然是皇后的图像，如皇后服有凤冠、凤钗、凤袍等，但凤纹也可以运用在普通妇女日常的衣物饰品上，如结婚时的凤冠、凤鞋、凤纹荷包等。

自汉代始，凤的内涵除了与音乐相关，更多的与爱情、吉祥、方位有关，而较少等级特征。在传为汉刘向撰的《列仙传》中，萧史吹箫引凤，感弄玉，最终约而成婚，以致有凤来仪，二人乘凤归去。[19]与萧韶致凤不同，这一次，吹箫引凤引发的是传颂千年的爱情故事。于是，凤又成为中国式爱情的象征，千百年来中国妇女一直将绣有凤纹的物件作为馈赠男方的爱情信物。凤这种没有贵贱、无视等级、平易亲和的特征，以及"有凤来仪"所特有的祥瑞征兆，让凤纹的视觉呈现较之龙纹更具世俗的情意与普世的光辉。

就设计而言，凤纹的选择起初源自视觉美感的吸引，但随着研究过程的深入，凤与火的关系，以及这种关系的东西方内涵，逐渐清晰。在中国，凤为百鸟之王，由朱雀演化而来，在中国五行学说中，是属南方，属火，是火之精灵，火之图腾。

> 朱雀为火精，执平调胜负。[20]
> 朱雀作南宿，凤皇统羽群。[21]
> 四神者，白虎金也，青龙木也，玄武水也，朱雀火也。[22]
> 《元命苞》曰："火离为凤。"《演孔图》曰："凤，火精也。"[23]

显然，从传统意义上讲，凤是火的象征，所以凤纹是以传递圣火为目的的北京奥运火炬接力形象设计的最佳图像选择。

而西方世界的凤（phoenix），源自古代埃及，是埃及神话中与太阳崇拜相关的神鸟。这种生长于阿拉伯沙漠中的神鸟每到五百年即自焚化为灰烬，再从灰烬中重生，循环往复，以至无穷，是永生的不死鸟，[24]所以有"凤凰涅槃，浴火重生"之说。这就意味着凤作为火的化身、人类自强不息的精神象征，在世界范围内具有通识。

凤所具有的这些特征满足了北京奥运火炬接力主题的基本需要：一，具有中国传统文化特征；二，与圣火相关；三，东西方语境中没有太大的差异或负面理解。这也许就是同为中国最重要的图腾符号，龙与凤的命运迥异的内在原因。

龙凤的抉择最终尘埃落定：凤顺利成为火炬接力的官方主题形象；而落选的龙并没有就此消失，它不仅活跃于各种奥运场合，更为重要的是，它在一开始就雄踞在主徽"中国印"之上，成为中国向全世界承诺的见证（主徽"中国印"以中国传统龙玺的方式出现在北京奥运会主徽全球发布会上），在最正式、最庄重的北京奥运会主徽发布会上，龙依然是居高临下、当仁不让的权威象征。

凤所具有的雌雄唱和的和谐意象与龙所具有的等级秩序的权威面貌，不仅体现为阴与阳的关系，也体现了传统礼乐的两端——分别与和同。"乐者，天地之和也。礼者，天地之序也。和，故百物皆化；序，故群物皆别。"[25]

图 1-16,明末秦良玉红绸盘金绣花蟒凤纻衣(重庆博物馆藏)

图 1-17,"凤穿祥云"的早期设计稿

图 1-18，身着火炬制服的北京服装学院学生

图 1-19，北京奥运火炬接力核心图形红色系

图 1-20，北京奥运会火炬接力核心图形"凤穿祥云"

图 1-21,北京奥运火炬接力核心图形黄色系

因此，龙凤文化就其本质而言，是以图像的方式体现了古代中国人生活的基本形态：一端以礼的亲疏贵贱的等级关系来维护既定的社会秩序；另一端，又以乐的和同的润滑剂减少由礼分而导致的等级矛盾，以求得在一个不平等的社会形态中可能达到的最佳和谐状态。

舍龙而取凤，凤最终替代龙成为北京奥运会最重要的中国元素，让我意识到，在阳与阴的关系中，阴性的力量暂时占据了上风。在我们周遭的世界，柔性的力量正在滋生。在一个以脑力劳动者、智能工具和数字化为特征的信息社会中，人的体力与机械力量已逐渐丧失本有的地位与意义；在一个想法比行动更重要的时代，人们似乎正在逐渐丧失最后残存的阳性特征；一个以弱化矛盾、避免冲突为特征的人类意识形态正成为世界的潮流，特别是在刚刚融入国际社会的中国社会，这一潮流激进地蜕变成为一种新的时尚，越来越多的年轻人加入其中，以此表明自己的"国际化"的倾向与态度。这种看似平和无害的议论与表达，以其特有的回避矛盾的"国际化"潮流外衣，在潜移默化中形成一种新的话语权力，这种话语权力正在腐蚀或蚕食着年轻一代的精神意志。同时，这种潮流正在制造一种错觉，那就是似乎未来是一个柔性力量支配的世界，靠宽容、友善与对话就能解决一切矛盾与纷争。然而，我坚信无论社会发展到何种形态，只要人的生物学属性没有发生质变，人类惯有的残酷纷争与杀戮就会一刻不停地永远继续下去，丛林法则并没有渐行渐远，它依然是这个世界上起决定性作用的主要法则。在未来的日子里，龙依然会也必须是毫无争议的中国的象征，因为只有龙才有"天行健，君子以自强不息"的阳刚与果敢，只有龙才能成为我们多难民族的精神支撑。

第四节　注释

1　参见网页 http://sports.sina.com.cn，2005年11月11日22:52登陆新华网

2　（魏）王弼等注、（唐）孔颖达疏：《周易正义》系辞下卷八。

3　《周易正义》系辞下卷八。

4　"鲧死，三岁入腐，剖之以吴刀，化为黄龙。"（《山海经·海内经》注）

5　（西汉）司马迁：《史记》卷十二·孝武本纪第十二。

6　（明）陈洪谟：《治世余闻》下篇卷四，据《纪录汇编》。

7　如在古希腊神话中，英雄赫拉克勒斯必须完成的十二项考验，第十项考验就是偷走巨龙拉冬看守的金苹果。最后赫拉克勒斯找人催眠了拉冬，才杀死拉冬并偷得了金苹果。在阿尔戈号（Argo）船传说中，伊阿宋一行人想盗取的金羊毛也是由一条毒龙看守，后来女巫美狄亚以歌声令毒龙沉睡，伊阿宋才顺利取得金羊毛。在欧洲的第一篇民族史诗《贝奥武夫》中，也讲述了日耳曼英雄贝奥武夫与龙搏斗的故事。史诗中的巨龙原本盘踞在龙穴中看守宝藏，一个逃亡奴隶盗得其中一只嵌满珠宝的大盅，于是巨龙被激怒并开始血腥而残酷的报复。在生死存亡之际，年老的贝奥武夫挺身而出，挑战巨龙，在与巨龙厮杀的过程中，贝奥武夫与龙同归于尽。

8　《启示录》"妇人与龙"12。

9　参见网页 http://sports.sina.com.cn/o/p/2005-11-12/16481876186.shtml

10　参见网页 http://www1.tianyablog.com/blogger/post_show.asp?idWriter=0&Key=0&BlogID=710259&PostID=16094907

11　袁岳"去龙化"的观点受到绝大多数中国人的激烈抵制，学界与民间的反对声、声讨声不绝于耳。之后，袁岳发表文章表示，基于群众的反应，他意识到还是龙最适合做中国形象的标志。参见网页 http://blog.sina.com.cn/s/blog_489548eb0100bdd2.html?tj=1

12　（汉）郑玄注，（唐）孔颖达疏：《礼记正义》卷二十八·内则第十二。

13　参见网页 http://sports.cctv.com/special/tunbing/01/index.shtml

14　参见网页 http://sports.cctv.com/special/tunbing/01/index.shtml

15　"韶，舜乐名。言箫，见细器之备。雄曰凤，雌曰皇，灵鸟也。仪，有容仪。备乐九奏而致凤皇，则馀鸟兽不待九而率舞。"[（汉）孔安国传、（唐）孔颖达疏《尚书正义》卷五·益稷第五]

16　（南朝梁）萧统编：《昭明文选》。

17　（战国）佚名：《山海经·南山经》。

18　（西汉）司马迁：《史记》卷二十四·乐书第二。

19　《列仙传》曰："萧史，秦缪公时，善吹箫，能致白鹄孔雀，公女字弄玉，好之，以妻焉，遂教弄玉作凤鸣，居数十年，凤皇来止其屋，为作凤台，夫妇止其上，不下数年，一旦皆随凤皇飞去，故秦氏作凤女祠，雍宫世有箫声。"[（唐）欧阳询《艺文类聚》卷七十八·灵异部上]

20　（汉）魏伯阳：《周易参同契》卷上，洪武十三年。

21　（唐）房玄龄等：《晋书》卷二十三·志第十三。

22　（宋）曾慥编纂：《道枢》卷三十三。

23　（清）赵学敏：《凤仙谱》卷上，《昭代丛书别集》。

24　参见网页 http://www.britannica.com/bps/search?query=Phoenix

25　（汉）郑玄注，[唐]孔颖达疏：《礼记正义》卷三十七·乐记第十九。

第五节 玉的背后

"昆仑"的正名

2007年3月27日，北京2008年奥运会奖牌在首都博物馆正式向全球发布。

北京奥运会奖牌名为"佩玉"，该奖牌设计的亮点是，在金、银、铜三种奖牌常见材质外，增加了中国玉。这一夏季奥运会奖牌设计史上的创新之作，被大家称为"金镶玉"，古老的中国玉文化借助奥林匹克平台，让全球为之注目。奖牌发布之后，北京奥组委组织专家讨论奖牌制作用玉的事宜。

在第一次奖牌用玉专家研讨会上，意见分为两派。一派坚持用和田玉，并从玉性、史料两方面证明，只有和田玉才是能代表几千年中国玉文化的真玉。我则从设计师的角度表示，依据样品制作的经验，青海玉料太透、单薄，岫岩只有黄绿色，色彩不分明，与金、银、铜三色不好配合；相对而言，和田玉是理想的奖牌玉料。另一派则认为，在长达数千年的中国玉文化历史中、岫岩、青海、和田三种玉都曾是先民制玉用材，所以三种都可以用。

在之后的专家讨论会中，意见分为两类：一，全部用和田玉；二，金牌用和田玉，银牌用青海软玉（即后来所谓"昆仑玉"），铜牌用岫岩玉。第二种看似兼顾到几大玉种的折中方案，却遭到业内人士的反对，他们认为这其实是把几种玉分出等级，不利于玉石行业的健康发展。

实际上，专家讨论会上的争执是与玉行业的一个古老话题有关，这就是何为真玉的争论，而所谓"真玉"之争，其实是指什么地方产的或什么品质的玉才能代表中国玉文化中"君子比德"的玉。据说真正能达到这样要求的玉，其理化性状具有所谓"五德"的特征，即："润泽以温，仁之方也；鳃理自外，可以知中，义之方也；其声舒扬，专以远闻，智之方也；不挠而折，勇之方也；锐廉而不忮，洁之方也。"[1]

2008年1月2日北京奥组委正式宣布北京奥运奖牌用玉最终选定青海昆仑玉。以下是北京奥运会奖牌用玉的官方说明：

> 设计方案传出后，新疆和田玉、河南南阳玉、辽宁岫岩玉、青海昆仑玉

等中国美玉参与了奥运奖牌玉的"竞选"。而在玉的产地和成色上，北京奥组委都有一个非常好的选择机制和条件。从原材料的选择到奖牌最后的加工都将有严格的程序，力争使金、银、铜每块奖牌的玉的成色保持一致。

经过层层角逐，青海昆仑玉脱颖而出，于2008年1月2日，被正式确定为2008年北京奥运会奖牌用玉，而青海省将向北京奥运会无偿提供制作奖牌所需的玉料。参与奥运奖牌用玉分析鉴定并撰写专家意见的中国工艺美术大师高毅进说："品质均匀、储量丰富，是昆仑玉中选的主要原因。"[2]

由包括中国珠宝玉石首饰行业协会评估专业委员会副主任蔚长海、中国珠宝玉石首饰行业协会玉石分会秘书长奥岩、中国工艺美术大师江春源以及著名玉石雕刻大师薛春梅、高毅进在内的五名专家出具的"青海软玉用于制作奥运奖牌材料的专家意见"中，列举了四条理由：

一，昆仑玉与和田玉同属昆仑山玉矿带，成矿条件相同，在物质组分、产状、结构构造特征上基本相同。

二，昆仑玉具有质地细腻、储量大、品质均匀的特点，材料块体大，每块奥运奖牌完全可以在一块原料上制作完成。玉环能做到色样统一、品质均匀一致，这是其他原料无法比拟的优势。

三，昆仑玉具有奥运奖牌所需白玉、青白玉、青玉的全部原料品种，各品种原料库存储备充足，不需备料，直接按奥运奖牌制作所需选料，可以保证奥运奖牌制作的顺利完成。

四，昆仑玉相比和田玉价格较低，奖牌制作成本可大幅降低，符合奥运精神。[3]

在这份具有官方意味的专家意见中，回避了究竟哪种玉能够代表中国玉文化，或是中国玉文化主体的敏感问题。但意见中对于青海软玉与新疆和田玉处于昆仑山脉同一条成矿带上的特别强调，暗示了青海软玉与新疆和田玉其实是一种类型的玉材。根据2004年颁布的《珠宝玉石国家标准》"所有理化性状为透闪石、颜色洁白的玉料"都可以称为"和田玉"，自此和田玉成了一种泛称，不具备产地含义，理化性状均为透闪石的青海软玉与新疆和田玉都可称为"和田玉",因此专家的这一结论并无毛病。但对青海软玉与和田玉同一矿带的刻意强调,却明显地显示出青海软玉作为一种地方玉材的底气不足。更为有意思的是,在五人专家意见书的标题中,明白无误地写着"青海软玉",这一由珠宝玉石行业权威出具的专业名称,在最终宣布北京奥运奖牌用玉时更名为"青海昆仑玉"。而事实上,"昆仑玉"在玉石行业是指产自新疆昆仑山的一种玉石,[4] 其理化性状是蛇纹石,硬度很低,与以透闪石为主的"青海软玉"是两种东西。那么,为什么要改名呢?在取代了和田玉这一品质无可争议地高于自身的玉材、成为奥运奖牌用玉之后,对于青海而言,最急迫的问题是要通过有效的攻关与宣传活动让公众意识到青海软玉的品质虽然不能超过和田玉,但至少不比和田玉差。在一系列解释与宣传工作中,为青海软玉"正名"的工作显然是重中之重,如前所述,"正名"常用的手法就是追本溯源,示其正宗。既然青海软玉与和田玉同属昆仑山玉矿带,成矿条件相同,物质组分、产状、结构特征也基本相同,那么求证其也"系出名门"是青海方面的自然选择。而玉与昆仑山的关系源远流长,"玉出昆仑"一直是中国宝玉的故事缘起,据《山海经》记载:

西海之南,流沙之滨,赤水之后,黑水之前,有大山,名曰昆仑之丘。有神,人面虎身,有文有尾,皆白,处之。其下有弱水之渊环之,其外有炎火之山,投物辄然。有人,戴胜,虎齿,有豹尾,穴处,名曰西王母。此山万物尽有。[5]

又西北三百五十里,曰玉山,是西王母所居也。[6]

据《穆天子传》记载:

吉日甲子。天子宾于西王母。乃执白圭玄璧,以见西王母,好献锦组百纯,□组三百纯,西王母再拜受之。[7]

《山海经》中记载西王母所居昆仑山名为玉山,或群玉之山,以盛产玉石出名,传说周穆王西巡,见西王母,周穆王赠以丝绸,西王母则回赠昆仑美玉。周穆王曾感慨道:"是唯天下之良山也。珤玉之所在。"[8]

在《穆天子传》中,穆天子西行会西王母的神话传说,不仅昭示昆仑山是中国美玉的发源地,同时还蕴含着一个遥远而朦胧的历史印记,那就是最早的东西之间交流的媒介是玉与帛的交换,这个交换发生在黄河上中游的父系氏族部落与昆仑北坡的母系氏族部落之间。玉帛的缘起故事远比我们想象的要早。

据古代文献,玉出自昆仑山脉北麓的于阗,"玉出于阗"的描述几乎贯穿中国各个朝代的史料记载之中,而于阗就是今天的和田,和田位于昆仑山脉北麓,浩瀚的塔克拉玛干大沙漠南缘。

汉使穷河源,河源出于阗,其山多玉石。[9]

于阗城东三十里有首拔河,中出玉石。土宜五谷并桑麻,山多美玉。[10]

其国东南曰银州、卢州、湄州,其南千三百里曰玉州,云汉张骞所穷河源出于阗,而山多玉者此山也。其河源所出,至于阗分为三:东曰白玉河,西曰绿玉河,又西曰乌玉河。三河皆有玉而色异,每岁秋水涸,国王捞玉于河,然后国人得捞玉。[11]

玉河在于阗城外,其源出昆山,西流一千三百里至于阗界牛头山乃疏为三河,一曰白玉河,在城东三十里;二曰绿玉河,在城西二十里;三曰乌玉河,在绿玉河西七里。其源虽一,而其玉随地而变,故其色不同。每岁五六月大水暴涨,则玉随流而至,玉之多寡由水之大小。七八月水退乃可取,彼人谓之捞玉。其国之法,官未采玉,禁人辄至河滨者。故其国中器用服饰往往用玉。今中国所有,多自彼来耳。[12]

初,德宗即位,遣内给事朱如玉之安西,求玉于于阗,得圭一,珂佩五,枕一,带胯三百,簪四十,奁三十,钏十,杵三,瑟瑟百斤,并它宝等。[13]

安陵中玉圭、剑佩、玉宝等皆用于阗玉。[14]

永乐中，西域悍天子威灵，咸修职贡，不敢擅相攻，于阗始获休息。渐行贾诸蕃，复致富庶。桑麻黍禾，宛然中土。其国东有白玉河，西有绿玉河，又西有黑玉河，源皆出昆仑山。土人夜视月光盛处，入水采之，必得美玉。其邻国亦多窃取来献。迄万历朝，于阗亦间入贡。[15]

以上历代文献对和田玉的出处、开采、纳贡的详尽描述，让我们知晓，和田玉出自昆仑山北坡，以和阗为中心的狭长地带的山上与河中，从殷商到明清，和田玉一直是中国历代宫廷用玉的主要原料，是玉中的精粹。北京故宫博物院收藏的从新石器时代到清代的各种玉器有三万多件，大部分都是用产自新疆境内优质和田玉雕琢而成的。

既然青海软玉的矿带、理化性状与和田玉大致相同，将青海软玉正名为"昆仑玉"，自然是澄清其缘起正宗、与和田玉不相伯仲的最佳方式，这一名称让人追忆起中国玉的源头，让青海软玉顺理成章地成为这一源头的象征。这一名称将出现在全球瞩目的奥运盛会上，其社会与经济的影响力将不言而喻。

在思考的另一端，人们不得不问，为什么从古至今和田玉在中国具有其他玉种无法望其项背的至高声誉，却最终落败于北京奥运奖牌用玉之争呢？奥运奖牌用玉的标准究竟依据什么？

玉与礼

中国先民制玉的历史可以上溯到新石器时代，在距今六千年的关中仰韶文化遗址中，就出土了用和田玉制作的玉器。那么，在和田玉进入关中原始部落之前，就应该有一个和田玉在其原产地——昆仑山北坡的山上及河床被发现、制作的过程，这一过程的时间自然早于六千年。最早的玉器有工具、装饰物以及祭祀用器。早在红山文化与良渚文化时期，本地产的玉被雕琢成祭祀用器，成为与天地神灵沟通的媒介。至殷商，开始以和田玉为王室用玉；礼玉制度发轫于周代，两周开创了以玉分"六瑞"[16]为核心的、完善的礼玉制度；春秋以降，诸侯争霸，礼崩乐坏，各种思潮纷纷涌现，出现百家争鸣的局面，孔子作为儒家学说的创始人，主张寓德于玉、于玉比德；至汉代，随着儒家思想的深入，玉从原始宗教中"尊鬼事神"的祭器转而成为"雍容揖让"的礼乐文化的礼器，成为儒家道德观念的物质象征，至此确立了玉作为中国礼制传统载体与君子人格象征的重要地位。这一演进既体现在仪礼典章制度之中，也体现在日常生活礼俗之中：

古之君子必佩玉，右徵角，左宫羽，趋以采齐，行以肆夏，周还中规，折还中矩，进则揖之，退则扬之，然后玉锵鸣也。故君子在车，则闻鸾和之声，行则鸣佩玉，是以非辟之心，无自入也。君在不佩玉，左佩结，右设佩，居则设佩，朝则结佩，齐则綪结佩而爵韠。凡带必有佩玉，唯丧否。佩玉有冲牙，君子无故，玉不去身，君子于玉比德焉。天子佩白玉而玄组绶，公侯佩山玄玉而朱组绶，大夫佩水苍玉而纯组绶，世子佩瑜玉而綦组绶，士佩瓀玟而缊组绶，孔子佩象环五寸，而綦组授。[17]

生有轩冕之服位贵禄田宅之分，死有棺椁绞衾圹袭之度。[18]

根据汉代"事死如事生，事亡如事存"[19]的习俗，在殡葬制度中也出现了极为完备的葬玉制度。如郭宝均所言："抽绎玉之属性，赋以哲学思想而道德化；排列玉之形制，赋以阴阳思想而宗教化；比较玉之尺度，赋以爵位等级而政治化。"[20]这就是礼玉制的汉代流变。

另一方面，汉代学者对上古祭祀用玉形制、仪轨的辑录多以儒学思想加以附会发微，我们今天已很难依靠文献准确知晓周代礼玉制的真实面目。但无论如何，"苍璧礼天""黄琮礼地"[21]的祭祀传统，以及"君子于玉比德"的人格理想的追求，使得玉这种美丽温润的天然材料深深烙上中国传统礼乐的印记。

玉与礼的深度关联与比附，使得奖牌用玉的概念升华成中国传统礼乐观念与奥林匹克精神的完满统一。在一个以儒学"和谐"观为治国方略的年代，将玉这样一种最具中国礼俗传统内涵的材料运用于体现奥林匹克精神最高象征的奥运奖牌上，这一突破性的尝试得到几乎所有人的肯定与赞许。奖牌一旦定下使用玉的材料，玉的产地与种类选择已不仅是什么地方的玉料适合的问题，而是究竟什么样的玉才能代表中国玉文化的问题，在这个问题下面还潜伏着特定产玉地区经济推动等利益关联。但在所有的考虑中，人们容易忽略的一个事实就是，有关奖牌用玉标准的最重要的参照并不是中国玉文化的历史，而是奥运奖牌既有的象征理念与制作标准。

在象征与象征之间

在奖牌发布的那段时间，有一个很有意思的现象，那就是几乎所有国内媒体与百姓最关心的问题之一是，奖牌是否是纯金的、到底值多少钱，等等，而当听说奖牌是镀金的，大家都感慨、唏嘘不已。"金无足赤，人无完人"，中国人对纯金的概念超越了纯金作为贵金属的价值内涵，由材质引发象征，由象征升华材质，这就是中国人理解的材质与象征的关系。下面引用北京奥运奖牌项目招标产品规范：

金属牌面
（一）尺寸说明：
长 86mm，宽 70mm，厚 6mm，公差及其他具体尺寸详见奖牌尺寸图。
（二）材料：
金牌：基体原材料（包括挂钩）为 99.9% 银，杂质总和 ≤ 0.1%，外表面镀 6 克 99.9% 金，镀金层杂质总和 ≤ 0.1%；
银牌：基体原材料（包括挂钩）为 99.9% 银，杂质总和 ≤ 0.1%；
铜牌：基体原材料（包括挂钩）为 96% 紫铜，余量为 Zn，杂质总和 ≤ 0.2%。

以最贵重的金牌为例，按国际奥委会的规定，一枚金牌由约 170 克纯银加 6 克纯金构成，换算成人民币不会超过两千块，它意味着薄薄的 6 克金皮是金牌的实际含金量。显然这 6 克金是用来象征的，因为运动的精神是无价的。一个运动员要想拿到奥运金牌，不仅要有好的运气，在中国更有可能需要付出长达十年以上的刻苦训练。十年的光阴与汗水比对价格不到两千块钱的一枚小小的奖牌，让我们看到奥运会物质与精神的关系。

在奖牌提报的过程中，国际奥委会的相关人员曾询问我们是否可以用人

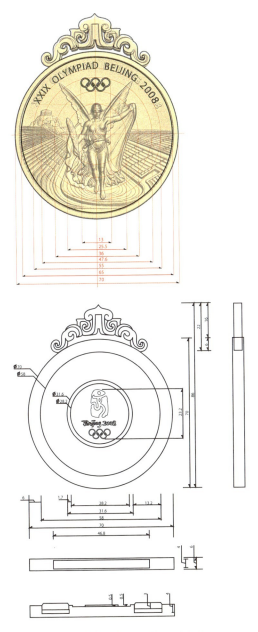

图1-22，北京奥运奖牌尺寸图（正面、背面）

第一章 图像与象征　第五节 玉的背后

图 1-23,北京奥运奖牌设计及视觉来源

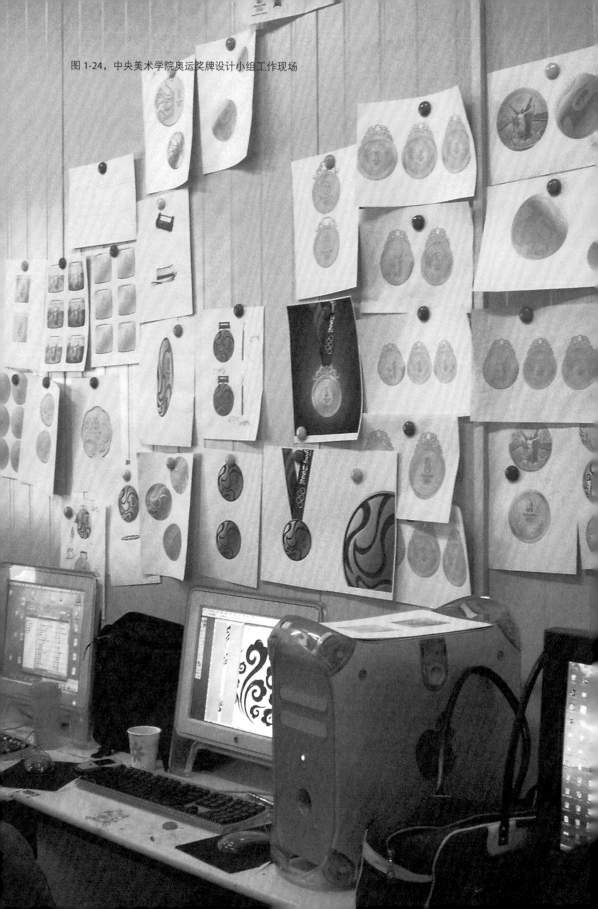

图 1-24，中央美术学院奥运奖牌设计小组工作现场

工合成材料来取代玉石,理由有两点:一,避免了玉石易碎的问题。二,奥林匹克奖牌的意义不在其本身的物质价值,而在于其象征性的精神价值。这个提议在某种程度上显示出国际奥委会对奥运奖牌制作材料的理解——运动的精神是最重要的,而对作为精神象征的材料要求并没有一定之规,也不要求所谓真材实料或中国人心中的名副其实。

然而在中国玉文化的语境中,君子之德的象征却与特定的玉性密不可分,和田玉成为中国玉文化主体的一个重要原因就是其独特的、无与伦比的理化性状。北京故宫博物院收藏的从新石器时代到清代的各种玉器有三万多件,大部分都是用产自新疆境内的优质和田玉雕琢而成的,其中最有名的是名为"大禹治水图"的玉山,高二二四厘米,宽九十六厘米,重约五千三百多公斤。这块巨型玉石从新疆和田运到北京,再从北京运往扬州雕刻,完成后再运回北京,前后历经十年,耗费数十万人工,所费银两无法计算,这就是中国人对待一块玉的耐心与气魄。当这块举世罕见的巨大玉料费时三个多月、经水路运至扬州时,乾隆皇帝谕旨要用这块玉石表现古代"大禹治水"的事迹,而"大禹治水"的事迹被视为正德厚生的象征,这正是乾隆皇帝的用意。显然,最重要的玉器都不是用来消遣赏玩的,而是高度符号化的,是用来象征的。在紫禁城中,最能体现玉的尊贵价值与象征性的器物,是代表至高无上的皇权的玉玺。清朝皇帝使用的二十五方宝玺中,二十三枚宝玺都由玉石雕刻而成。[22] 无独有偶,北京2008年奥运会最重要的象征——主徽"中国印",也是用最优质的和田玉制成的。达成这种象征是基于和田玉质地温润、刚韧兼备、声音清越等特征,玉的象征与其品质密不可分。

和田玉独特的理化性状与儒家观念仁、义、智、勇、洁等具有异质同构的关系,君子之德的象征依附于玉的表面肌理,深入于玉的内在理化特征之中。杨伯达认为,只有和田玉是体现汉代"五德"的宝玉,是真玉,真玉产自昆仑山西北方,而相对的东方、南方等地所产玉均非真玉,其理由如《拾遗记》载:"西方北方,玉声沉重而性温润,……东方南方,玉声清洁而性清凉。"[23] 声沉重比对声清洁,性温润比对性清凉,是真玉与非真甄别的要点。耳闻、目测、手感是古代甄别真玉的基本方法。《墨庄漫录》转李淳风论辩真玉云:"其色温润,如肥物所染,敲之其声清引,若金磬之余响,绝而复起,残声远沉,徐徐方尽,此真玉也。"[24] 这种对玉的手感、声音的

图 1-25，西汉的玉双龙蒲纹璜

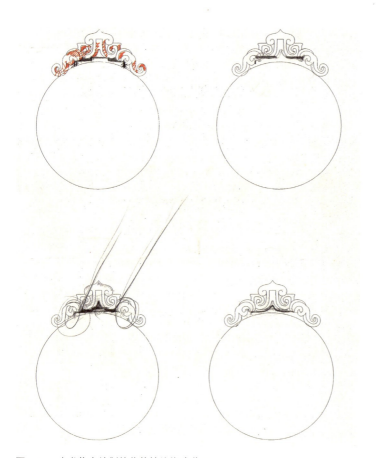

图 1-26，本书作者绘制的奖牌挂钩修改草图

特殊敏感，是中国古代玉文化的一个突出特征。随着赏玉层次的提高，眼力与手感都会达到一个空前的境界。在人与玉的关系中，中国人甚至相信随身佩戴的玉是活的，玉的物质会缓慢而神奇地进入身体的循环之中，从而改变人的生理与精神状态。这一奇特的体验与玉最早是提供给鬼神的牺牲有关，在古人看来，食玉可以长生，"丹水出焉，西流注于稷泽，其中多白玉。是有玉膏，其原沸沸扬扬，黄帝是食是飨。"[25] 两千二百多年前，诗人屈原这样表达了自己对玉的理解："登昆仑兮食玉英。与天地兮同寿，与日月兮齐光。"[26]

因此，玉的这种象征与奖牌的象征不同，前者与具体的材质特性密切关联，水乳交融；后者则疏离于具体的物质属性。在人与物的关系中，中国文化注重的不是人与物的区别，而是人与物的关联。"雕栏玉砌应犹在，只是朱颜改"，在"物是人非"的感慨中，古人不是为了单单强调佳人不在，凭栏犹存的人与物的疏离与二分，而是要表达"睹物"是"思人"的情感缘起。在这种语境中，物不再是冰冷的、无生命的东西，物与人一样具有相同的体温。这一表达同样可以适用于人与玉的关系，当古人以"温润"为玉德的第一要义时，玉不再是一块冰冷的石头，而成为千百年来君子人格的集体投射，玉与德融为一体。

金、银、铜奖牌代表奥林匹克精神，玉代表中国君子之德，两者看似完美统一的象征之间存有巨大的中西差异。一端，奥运奖牌所体现的奥林匹克精神与其具体的承载物质——金、银、铜之间，并没有直接的物与观念的严格限定关系，奥运金牌6克黄金的含金量并不会影响奥林匹克精神的体现与运动员勇夺金牌的热情，是纯金还是镀金并不影响西方人对奖牌的感受与体验，在西式的思维中，象征是可以脱离具体事物的纯粹抽象或符号；但在另一端，在中国人的思维中，象征是不能离开生成这种象征的感性背景的，象征与象征物之间有着感性而排他的对应关系，中国古代君子之德与其重要象征物——玉之间的对应关系即是如此。所谓"玉德必征于声""真玉五德"的比附，源自人对和田玉玉性的直接体验与历史积淀，绝非其他玉种或材料能够替代。这种材质、人、观念之间高度关联的独特体验，将精神与物质、历史与当下水乳交融地联系成为一个整体，在这样的语境中，物与我的对立关系彻底消融，互为观照，玉与德难分彼此。

玉与德的关系让我们见识到古代中国有关材性与象征、人与物、道与器的关联，我们可以从一个与玉有关的字——"理"的解析中进一步发微：

> 夫礼者，经天地，理人伦，本其所起，在天地未分之前。故《礼运》云："夫礼必本于大一。"是天地未分之前已有礼也。礼者，理也。[27]

古人以为礼起源于天地未分时的太一，而"礼"与"理"通。"理"是一个典型的形声字，从玉，里声。其本义是指加工雕琢玉石，所以《说文》释理："理，治玉也。"[28] 朱骏声《说文通训定声》注："顺玉之文而剖析之。"实际的例子如："王乃使玉人理其璞而得宝焉，遂命曰：'和氏之璧。'"[29] "理"最早的含义是指顺着玉的纹理加工雕琢玉石的行为，这一行为所特有的顺势开料、出坯、成形、细作、打磨、剖光系列动作，与礼的分别、条理、等级、秩序等要义之间具有同构关系，所以才有"礼者，理也"之谓。礼的概念的缘起与原始部落先民对玉的美丽纹理的着迷与解析经验密不可分；而礼的观念的确立与流行，必定又会升华先民欣赏、把玩一块玉石的感受与体验。"理"与"礼"的关联，让我们见识到玉的材性与"礼"的象征之间互为因果的神秘关系。而礼与德的关系，我们可以从以下表述知晓："举措得中之谓德。礼、乐者，德之法则也。"[30] 礼乐兴的目的就是为了求得中和之德，德在本质上是礼立人和的结果与体现。

玉、礼、德的这种特殊渊源，让玉与一般石头拉开了距离。而在周代礼玉制中，对玉与石的比例规定，则让我们进一步了解礼的等级与材料差别的对应关系。据现有的考古发现，从新石器时代开始，高等级的墓葬出土的玉器多为以闪透石为主要成分的和田玉，墓葬等级越高，和田玉的比例越大；相反，墓葬等级越低，和田玉的比例就越小，或干脆见不到。[31]

> 天子用全，上公用龙，侯用瓒，伯用将。[32]
> 郑注云："公、侯四玉一石，伯、子、男三玉二石。"由此言之，此传云"诸侯以石"，谓玉、石杂也。[33]

所谓"石"并不是石头，而多指非闪透石类的玉石，甚至包括玛瑙、水晶、砗磲、琉璃之属。《考工记》对周代等级制度中用玉与用石之比的规定的描述,与周代墓葬用玉的事实大致相符。"天子用全"告诉我们的是,最高等级的礼只有以全玉来对等与表达。而这个最高等级的古代全玉,经由古代文献记载与墓葬出土事实表明,正是以闪透石为主要构成成分的和田玉,剩下的只能以石名之。至此,我们就不难理解为什么和田玉的落败会掀起波澜,让人久久难以释怀。

对于西方人而言,玉只是一块看上去很光滑的美丽石头,所以奖牌用什么玉都无关紧要,非但没有必要用那么昂贵的玉材,甚至认为用人工合成材料来代替玉都行,奥运奖牌毕竟只是一种象征。在西方语境中的象征可以是脱离具体事物的纯粹抽象,而不必与特定的事物一一对应。何况奖牌作为体育精神的象征的产生时间也只有一百年,所谓"百年奥运"的现代奥林匹克运动会的起始,也只是一场以富裕的业余运动员为主体的运动会而已。而玉作为礼与德的象征在中国已有数千年的历史,这种象征源自具体的玉性的体验与感召,映射了礼与德的伟大理想,玉的文脉源远流长,八千年未有中断。这一度尽劫波、至今犹存的礼的伟大传统与其具体的象征物——玉之间,早已没有距离,难分彼此。识玉、懂玉的中国人认为,既然要体现中国玉文化、体现中国君子观念,那么非和田玉莫属,这一选择与玉价无关,而是与和田玉的玉性、和田玉在中国玉文化历史中的地位等事实有关。奥运会不只是一场运动盛会,而是中国玉文化走向世界的平台与契机,必须选择能象征中国礼乐文化与君子之德的真玉。

这种时间与空间的落差、象征与象征之间的中西差异,以及对奥运会所持的不同态度,是纷纷扰扰的北京奥运奖牌用玉之争必然没有结论的内在原因,而剩下的所有纷争、暗战与最后的成败得失,在我看来,都与荣誉无关、与玉无关。

知名国际关系学者约瑟夫·奈博士认为,在当代国际政治中,权力形式主要有两种,一种是硬权力,如军事、经济实力是典型的硬权力,依靠"胡萝卜"(劝诱)加"大棒"(威胁)的方式,强行要求他者改变态度或地位;另一种是软权力,是指一个国家在世界政治所期望的目标实现,依靠的是该国的文化和价值等意识形态的吸引力,他国愿意追随、期望你所期望的同化权力行为。[34]如今,软权力正在发挥着越来越重要的作用,一个国家的文化越是具有普世性的价值观与吸引力，并能因此建立与其他社会一致的国际规范，越能对国际及区域事务具有影响力与掌控能力。权力正变得更少强制性，更具感动力，更趋无形化。

从这个意义上讲，北京奥运形象设计对中国传统文化的定位，可以被视作一种国家形象战略。因此，传统图像、文字，甚至像玉这种材料，都可能成为中国国家象征与影响力的一个重要线索。象征的权力与象征的资源之间具有密切的联系，文化资源作为一个国家软权力的重要组成部分，它的要义在于，不仅要体现出鲜明的文化价值观与独特的文化吸引力，更为重要的是这种价值观与吸引力必须与更宽泛、更具开放性的普世性价值观与国际政治潮流、趋势相关联，才有可能将区域文化价值转化为具有国际影响力的软权力，成为普世的期望与追随对象。

北京奥组委对奥运形象设计的基本要求有两点，一是有中国特色，二是国际化。在我看来，这某种程度上体现了决策层将中国传统文化价值推演成为全球普世价值观的期望，这一期望的最典型的图像象征便是开幕式表演节目中出现的巨大的汉字"和"。在这样一种期望与定位下的具体设计与设计决策，必然采取游离两端的审慎策略，在设计评审的每一阶段，传统的话语权力与普世价值观的统一与否，是所有图像、文字等象征元素能否幸存到下一阶段的最重要的参照。在这一过程中，"龙"的出局显示了决策者对典型中国传统图像在当代国际政治语境中可能出现的负面寓意的担忧；而"凤"作为传统文化与现代寓意两者间完满统一的"和谐"象征，则幸存了下来。在主徽"中国印"使用了主办地名称"京"字之后，汉字的多义性可能引发的曲解风险，让书法形式成为北京奥运会形象设计系统的主流形式的所有努力付诸东流。而奖牌由于用玉的材料的创新设计，使得长达八千年的中国玉文化借助一个体育赛事让全球为之注目，玉璧简洁高雅的视觉形式，以及玉背后所凝聚的中国儒家"礼"的观念与人格追求，以其跨越时空的区域文化特征与普世价值观念，成为北京奥运形象设计中的"中国象征、国际表达"的最佳范式。

视觉象征作为一种观念与价值的体现与伸张，它的存在权力不仅取决于象征元素本身的意义与价值，更为重要的是能否生发出合乎当下国际政治趋势与文化潮流的价值与内涵，在象征的表象之下，是话语与话语间的权力平衡。在这一复杂而多变的平衡过程中，中国传统文化资源的丰富性与复杂性，以及在备战奥运的整个过程中，内外部环境所充满的不确定与偶发因素，让深陷具体工作的设计师、专家、官员对项目的定位、审核与决策变得异乎寻常的艰难，这是因为所有的形象体现不仅与文化艺术相关联，在一个全球瞩目中国的特殊时刻，所有的呈现、细节最终都会与政治相关联。

在有关权力的概念中，有一个最古老、也是最常用的概念就是"均势"（balance of power）[35]，18世纪的哲学家大卫·休谟（David Hume）将之称为"审慎政治的恒久原则"。"均势"概念的核心是平衡问题，是对不同权力之间的平衡与变化的动态描述。就北京奥运形象设计而言，所有项目的缘起与最终决策都是对传统象征与现代寓意的关系平衡，以及围绕这一平衡的所有人与事的权力平衡。

第五节 注释

1. （汉）许慎：《说文解字》十上，北京：中华书局，1981。
2. 参见网页 http://www.beijing2008.cn/news/official/preparation/n214287802.shtml
3. 参见网页 http://sports.sina.com.cn/s/2008-01-10/1048·1344928s.shtml
4. 李明等编：《中国新疆和田玉》，乌鲁木齐：新疆人民出版社，2006，第121页。
5. （战国）佚名：《山海经》卷十六·大荒西经。
6. （战国）佚名：《山海经》卷二·西山经。
7. （战国）佚名：《穆天子传》卷三。
8. （战国）佚名：《穆天子传》卷二。
9. （西汉）司马迁：《史记》卷一百二十三·大宛列传第六十三。
10. （北齐）魏收：《魏书》卷一百二·列传第九十。
11. （五代）平居诲：《于阗国行程记》一卷。
12. （五代）平居诲：《于阗国行程记》一卷。
13. （宋）欧阳修、宋祁等：《新唐书》卷二百二十一上·列传第一百四十六上。
14. （元）脱脱等：《宋史》卷一百二十二·志第七十五。
15. （清）张廷玉等：《明史》卷三百三十二·列传第二百二十。
16. "以玉作六瑞，以等邦国：王执镇圭，公执桓圭，侯执信圭，伯执躬圭，子执谷璧，男执蒲璧。"（《周礼》春官宗伯第三）
17. （西汉）戴圣：《礼记》玉藻第十三。
18. （西汉）董仲舒：《春秋繁露》卷七。
19. （西汉）戴圣：《礼记》中庸第三十一。
20. 郭宝均：《古玉新诠》，中国科学院《历史语言研究所集刊》第二十本下册，1949。
21. "以玉作六器，以礼天地四方：以苍璧礼天，以黄琮礼地，以青圭礼东方，以赤璋礼南方，以白琥礼西方，以玄璜礼北方。"（《周礼》春官宗伯第三）
22. 纪录片《故宫》，北京：中国国际电视总公司。
23. （晋）王嘉：《拾遗记》一卷。
24. （宋）张邦基：《墨庄漫录》卷九，《笔记小说大观本》。
25. （战国）佚名：《山海经》卷二·西山经。
26. （西汉）刘向集：《楚辞》九章。
27. （汉）郑玄注，（唐）孔颖达疏：《礼记正义》序。

28　（汉）许慎：《说文解字》十二上，北京：中华书局，1981。

29　（战国）韩非：《韩非子》和氏第十三。

30　（西晋）杜预注，（唐）孔颖达疏：《春秋左传正义》卷十六，僖二十五年（尽二十八年）。

31　孔庆伟：《周代用玉制度研究》，上海古籍出版社，2008，第6、7、292页。

32　《周礼·冬官考工记》第六。

33　（汉）郑玄笺，（唐）孔颖达疏：《毛诗正义》卷三（三之二）。

34　［美］约瑟夫·S.奈：《硬权力与软权力》，北京大学出版社，2007。

35　参见网页 http://www.britannica.com/EBchecked/topic/276139/David-Hume

图 2-01，在上海造币厂组装完成的北京奥运奖牌

第二章　以集体的名义

——个体与组织的奥运形象设计范式

图 2-02，北京奥运形象景观设计团队在鸟巢现场

第一节　个人的位置——北京奥运形象设计中的个体权益

请给我一把铁锹

2003年3月25日，由瑞士赫尔佐格和德梅隆设计事务所、奥雅纳工程顾问公司及中国建筑设计研究院设计联合体共同设计的"鸟巢"方案，从177家设计单位、13个参赛方案中脱颖而出，成为北京奥运会国家体育场设计的中标方案。"鸟巢"开工典礼定于2003年12月24日上午10时，这一天刚好是西方的圣诞节前的平安夜。为了能参加自己一生当中最重要的建筑设计的开工典礼，"鸟巢"主设计师德梅隆第一次没跟家人一起过圣诞节，而是千里迢迢赶到北京。在开工奠基仪式现场，大会组织者给领导与贵宾们每人发了一把铁锹，各就各位，却没人搭理主设计师德梅隆，他急忙向礼仪小姐示意，自己也要一把铁锹，以便参与其中，但没人理他。事后，德梅隆这样表述了自己的不解与失落：

> 我告诉她（礼仪小姐）我是这个建筑的设计师，但她不明白，我并不需要一把铁锹，但我来就是为了参与，我认为将某人叫来却不让他参与是不礼貌的，然而都结束了，一切都晚了。[1]

对于一个建筑师而言，在自己设计的建筑的奠基仪式上，设计师本人无可争议的是仪式的中心与主角，这几乎是一种国际惯例。因此，作为国家体育场"鸟巢"的主设计师，德梅隆在"鸟巢"奠基仪式上的遭遇令他震惊与不解。然而，这一看似礼数不周的遭遇与礼貌问题无关，且别说中国是礼仪之邦，绝不会在重大场合出现轻慢客人的事情，更为重要的是，与北京奥运有关的所有新闻发布都是经过层层审核、缜密布置的，绝不会出现遗忘仪式主角的重大疏漏。在中国，重大会议或仪式上领导或来宾的名单与排序是重要议题，需要反复斟酌，不能有一丝疏漏。另一重要的线索是，在"鸟巢"奠基仪式之后，绝大多数的奥运形象设计项目的发布仪式上，都鲜见提及具体设计师的名字，更不用说让设计师成为发布会的主角。显然，德梅隆的遭遇不是疏漏，而是一种深思熟虑的安排。要对这一看似不合常理的安排进行探讨,则有必要追溯到北京奥运最早的设计发布——申奥标志的发布,同时对北京奥运设计的组织形式进行回顾与分析,因为在我看来,特定的设计机制与最终的设计发布形式息息相关。就北京奥运设计而言,以设计师个人名义还是以创作集体的名义进行相关的公众发布,绝不会是一个随机、率性的决定。

据中新社北京 2000 年 2 月 1 日电:

北京 2008 年奥申委在今天举行的第二次全体委员会会议上,以全体委员表决的方式,确定了奥申委会徽、奥申口号。同时北京 2008 年奥运会申办网站也于今天正式开通。

北京奥申委主席、北京市市长刘淇宣布,北京 2008 年奥申委会徽为陈绍华、韩美林和靳埭强三位艺术家共同创作的标志图案,奥申口号为"新北京、新奥运"。[2]

图 2-03,北京申奥标志

可见早在 2000 年 2 月,申奥标志的发布是明确提及具体设计师名字的。那么为什么之后大部分的奥运设计发布不再提及具体设计师的名字呢?

申奥标志发布之后,围绕着谁是这一重要标志的原创设计师,陈绍华与韩美林之间出现争执,一时间,这一与申奥相关的设计师原创之争,成为全国各大媒体的焦点。关于谁是申奥标志的原创设计师有三种说法：

一，官方说法是，申奥标志由深圳设计师陈绍华、北京艺术家韩美林以及香港设计师靳埭强三个人集体设计。

二，申奥标志由陈绍华原创，韩美林、靳埭强修改。

三，韩美林称，该标志是由其"捡出扔在纸篓里的图纸"，并加以修改创作了这幅作品。

对于这三种传言，陈绍华回应道：

1999年底，北京奥申委委托京、沪、深、台、港等地设计师设计申奥会徽时，韩美林显得非常客气和谦虚。当我创意出这个五环相扣，同时又是中国结形象和打太极拳人形的标志后，得到了奥申委的一致认可。当时奥申委让韩美林和香港设计师靳埭强修改、完善该图。韩美林表示一定不要署他的名字，他只是修改修改而已。到申奥成功后，申奥标志被誉为奥运史上最有想法、最具民族个性的会徽，此时，韩美林突然活跃起来，对外到处宣传他创作了申奥标志，并重新对"太极人"作了"56个民族盼奥运"等牵强附会的解释。[3]

对此，韩美林则这般回应：

2000年1月，2008年申奥会徽的评选工作进入最后阶段，我是总评委之一，当时一共收到了2000多件来稿，入围作品99件，最后评委们一致确定了8件作品进入最后的角逐。按照当时的分工，我负责修改提高陈绍华的圣火方案，但却始终觉得这个方案不够成熟也缺乏新意。这时，陈绍华拿出了一个由电脑制作的类似于五环的图形，我看了之后觉得创意比那个圣火要好，就花了几天的时间用毛笔对这个图案作了较大改动，并赋予了这个图案更丰富的内容，最终的申奥标志含义为："全国56个民族团结在中央周围，联合五大洲的朋友，为2008年奥运会而奋斗。""太极人"是用一支使了20年的毛笔一气呵成画出来的，而不是用电脑设计制作出的简单变形。[4]

而靳埭强这一方，经我本人当面确认，他作为评委当时只是出具意见，并没有动手修改。

这一看似扑朔迷离的署名事件，有几点是可以确认无疑的：

一，陈绍华是该标志的原创。

二，韩美林对该标志进行了修改。

三，靳埭强提了意见，但没有动手修改。

四，申奥标志采取公开征集与定向征集结合的方式，陈绍华是申奥标志应征设计师之一，韩美林、靳埭强是申奥标志评委。

这是一个具有中国特色的标志评审与修改的典型案例。在一般概念中，设计师是作品的创作者，而评委则是作品的评判与审核者，这两种角色是不能相混合的，这就如同在体育竞技中，你不能既做运动员又做裁判。但中国的标志评审习惯往往是，在评审结果出来以后，出于对所选标志不满意或所选标志需要进一步修改，举办方往往会请评委——一般都是德高望重的老先生亲自动手修改方案。当然，大多数情况下，老先生们都会谢绝对作品的署名权。评委亲自动手修改自己评出的作品的合法性有待商榷，同时在这一过程中，出现作品知识产权纠纷的风险是显而易见的。但申奥标志的创作方式并不是北京奥运会形象设计项目中的孤例，北京奥运会官方海报的创作采取了更为奇特的方式，据北京奥组委官网报道，北京奥运官方海报的创作过程经历了四个阶段：

一，启动阶段。2007年5月23日以定向邀请方式召开北京2008奥运会和残奥会官方海报设计说明会，共有71家院校及设计单位与会。

二，收集、整理阶段。截至2007年6月20日，共收到24家院校和10家设计单位提交的930张有效应征作品。

三，评审阶段。7月6日，在清华大学美术学院召开北京2008年奥运会、残奥会官方海报设计征集活动评审委员会。由北京奥组委执行副主席蒋效愚担任官方海报设计征集活动评审委员会主席，6名评委是：清华大学美术学院教授陈汉民、清华大学美术学院副院长、教授何洁，中央美术学院副院长、教授谭平，中央美术学院设计学院院长、教授王敏，香港美术家协会副主席韩秉华，深圳平面设计师协会学术委员王粤飞。经认真评审，最终评选23组入围官方海报设计作品，并提出修改意见及方向。

四，集中封闭修改阶段。9月3日，由中国美术家协会艺术委员会进行推荐，成立集中封闭修改小组。对评审最终评选23组入围官方海报设计作品进行综合修改，最终形成了奥运会官方海报设计方案共16张，残奥会官方海报设计方案共16张。[5]

这就意味着，最初征集来的设计师作品在评审之后，是由美协推荐的另一群设计师来完成最终的作品修改，而这一群设计师仅由于美协的推荐就获得最终修改他人作品的权力，奥运海报的定向征集演变成为特邀设计师集体创作。事实上，在经过痛苦而波折的封闭修改过程之后，最终出炉的奥运官方海报基本上是这一批设计师重新创作的作品。在整个北京奥运形象设计过程中，设计师与评委组合、特邀设计师组合、高等院校团队组合等种种形式的集体创作，构成北京奥运形象设计组织的主流方式。

在中国改革开放二十多年之后，在"新北京、新奥运"的当代语境中，北京奥组委为何仍采用这种看似陈旧，又隐含权益风险的集体创作的形式？这一创作形式所产生的设计结果究竟如何？在这样一种特殊的机制下，相关的设计机构、设计师的权益究竟如何得到维护？本章的重点就是探讨这一特殊的集体创作体制下的设计组织与设计师的个体权益问题。

北京申奥标志无疑是北京奥运形象设计中具有较高质量的设计之一。而这个标志的出炉来自两种不同职业背景的人员合作，即设计师与艺术家，设计师陈绍华创作了"太极人"的草稿，而经过艺术家韩美林的修改，"太极人"呈现出神龙飞动的视觉效果，我们在认可陈绍华原创价值的同时，也不得不承认，这一标志的最终成功与韩美林的修改息息相关。所以说设计师与评委的合作，最终完成了申奥标志这一优秀设计。这一标志备受专业人士与大众好评，获得极好的社会反响。但这并不意味着它背后的设计机制就是完全合理的。但在中国，人们往往更注重一件事情的结果或成效，而忽略其过程的性质。"重结果，轻程序"，这不仅是大众看待事物的态度，更值得注意的是，它也是中国古代法制传统的突出特征之一，这一流弊一直沿袭至今。"重结果，轻程序"，往往导致合作的开端是先做起来再说，而事成之后常常遗留扯不清的个体或单位的权益分配纠纷。"陈韩之争"就是这一传统弊端的现代样板。

关于申奥标志的署名问题，在一开始，韩美林表示推辞，之后陈绍华提议署上韩美林、靳埭强的名字。[6] 从传统道德层面来看，两位都表现出中国人常有的厚道与君子之风，但同时也体现出即使在改革开放二十多年后，当代中国设计师在面对诸如署名权之类的与个人权益相关的法律问题上，依然采取"仁、善"等道德标准处之，而不是依照法律规定或咨询相关律师。之后的纷争与舆论风波，固然是由于随着时间的推移，这一标志的含金量与意义出人意料，它难免让亲历者心神不定，患得患失，最终丧失了最初的淡定，乱了方寸，但这一纷争的根源还是在于其创作组织机制本有的缺陷与漏洞。这一风波的舆论性质无论是在人众还是在决策层眼中，无疑都是负面的，特别是当时北京奥运尚在申办的过程当中，这一与申奥有关的设计师知识产权纠纷及其影响必然会引起相关决策层的高度重视与反思，从而对之后的北京奥运设计组织、设计评审，乃至设计发布形式产生影响。

在检索陈绍华与韩美林针对这一事件的申辩言论的过程中，我发现有一个共同点值得关注，那就是双方都表示自己为了国家形象与民族利益，忍了很久，最终诉诸媒体实出无可奈何。

韩美林说："我今天之所以这样讲，就是要还事情的本来面目，我不想把事情搞大，给咱中国人丢脸，只是想求得一个公正对待。我现在是被逼无奈不得不说了。我觉得舆论界应当了解真相，公平对待每个人所付出的心血。"[7] 而陈绍华也说："我一直在保持沉默，原因有三个，一是怕国外媒体嘲笑，说中国人如何如何；二是考虑到大局，申奥是全国人民的大事，也是载入中华民族史册的大事，在国家的大事上，个人的利益不足挂齿。如果在申奥标志的署名权上争个你死我活，给历史留下遗憾，那不是我的本意和初衷。"[8]

这种表态，多少显示了中国传统文化中个体与群体关系的传统观念，那就是个体的利益要服从于群体更高的利益，个人的存在意义基于对他人、对群体的义务；而当依于人性、人情的道德约束彻底无效时，个体权益的伸张往往也不是诉诸法律，而是诉诸舆论，通过大众评说的形式来展露事实，在获得同情理解的态势下，争取到自己应得的权益。这种维护个人权益的特殊方式与中国长达几千年的礼法传统有关。依于礼还是诉诸法？二者之间的选择有玄机。礼的源起与作用前章已略加阐释，而法在中国又作何解析呢？

法辨

《说文》释"法":

灋,刑也。平之如水,从水,廌,所以触不直者,去之,从廌去。[9]
廌,兽也,似山牛一角,古者决讼,令触不直,象形,从豸省。[10]

《论衡》记载:

儒者说云:觟者,一角之羊也,性知有罪。皋陶治狱,其罪疑者令羊触之,有罪则触,无罪则不触。斯盖天生一角圣兽,助狱为验,故皋陶敬羊,起坐事之。[11]

《后汉书》记载:

法冠,一曰柱后。高五寸,以纚为展筩,铁柱卷,执法者服之,侍御史,廷尉正监平也。或谓之獬豸冠。獬豸神羊,能别曲直,楚王尝获之,故以为冠。胡广说曰:"《春秋左氏传》有南冠而絷者,则楚冠也。秦灭楚,以其君服赐执法近臣御史服之。"[12]

至唐代,御史、司隶二台着法冠(一名獬豸冠)。宋御史大夫绣衣文以獬豸,明代御史服獬廌,清代都御史补服绣獬豸。直到今日,不少地县法院门口依然立獬豸石像以为法律象征。可见,自"皋陶治狱"传说始,獬豸作为历代执法的图像象征是几千年来没有间断过的传统。

以鸟兽作为辨别真假善恶的工具,其实是先民原始宗教活动中常见的决疑解难的方式之一,选择独角兽獬豸作为法律的图形象征,一定有其特殊的原因。对这一图像进行力所能及的读解,有助于分析与理解中国法的概念缘起,而图像分析的起点是以人的基本视知觉经验为基础的,因为即使是有所谓古今之别、新旧之分,但就进化而言,生物学方面的演进时间当以数十万、百万年计,今人与古人就视觉心理而言,几千年的时间并不足以发生革命性的质变,在看待事物的基本视知觉经验与随之而引发的象征性联想的层面,古今同一。对于中国这样一个具有文化超稳定结构的社会形态而言,则更是如此。

由于绝大部分的有角动物都是两只角,于是在人的一般心理中,独角就成为一种超常与稀缺的象征。由于不能常见,不能常得,或者纯属臆想,独角兽逐渐演化成为古今中外最常见的神兽代表,为了强调独角的獬豸虽鲜见但确实是现实存在的,遂有"楚王尝获之,故以为冠"的神秘记载。在自然界中,角的生物学意义在于性择与生存的需要,两只角的对称程度是显示雄性身体基因及当下健康状态的重要指标。而角一旦剥离它优雅的对称性的表象,往往会显现出其原始残酷的争斗本质,角斗一直是动物求偶过程中雄性间摆平对手、获得交配权的主要方式,也是食草动物对付食肉动物的主要防御武器之一。这一现象同时也是先民对生存环境的基本视觉经验与切身体验,所以角的基本意象是驱逐、强制、惩戒,甚至重创与铲除,是以力禁、以力争、以力胜、以力毁的原始表达与早期视觉经验。

在汉语中我们往往用"角力""角斗""角逐"来描述人与人之间、团体与团体之间的争斗,在现代语境中,角依然是以力争、以力胜的通用语言与图形符号。可见,独角的獬豸,作为中国法的缘起及持续的象征符号,更多体现的是驱逐、惩戒、重创、铲除等传统刑法的意象。

"刑"的概念早见于《尚书》"虞书"舜典第二:

帝曰:皋陶,蛮夷猾夏,寇贼奸宄。汝作士,五刑有服,五服三就。

《国语》"鲁语"上中,也记载有:

大刑用甲兵,其次用斧钺,中刑用刀锯,其次用钻笮,薄刑用鞭扑,以威民也。故大者陈之原野,小者致之市朝,五刑三次,是无隐也。

国之大事,在祀与戎。祀以礼为体,戎以刑为用,中国古代法的传统从一开始就是对外征伐、对内镇压的暴力工具,这一法的缘起以其鲜明的专制与暴力特征,直接影响到后世中国法的社会功能,以及人们对法的理解与态度。直到今日，不少人仍然把法律视为禁忌与惩戒，视讼事为畏途，而不是视法律为公民权益的合法保障，是现代社会的基本组织基础。另一方面，以力胜还是以德胜的礼法之辨，遂成为中国纲常伦理的重要思考，同时又深刻影响了古代执政者霸王道的具体抉择，以及普通百姓现实生活中的行为规范与价值取向。值得注意的是，无论是在礼的范畴还是在法的范畴，都不存在类似西方法律范畴中个人权利的概念。礼在于自律，法在于强治。在古代中国，个人只存在于家国天下的伦理关系之中，鲜有西方基于社会公约的个人独立性、自主性可言。个体与群体的关系，很少呈现为硬性的个体权利的伸张，而是表现为伦理关系下的权利与义务互为因果的关系，这其中的重点不是个体一方或群体一方的单方面的权益维护与伸张，而是将注意力放在两者的互动关系上，个人的权利并不是靠自己跳出来争取，而是靠对方给予，在彼此各尽其义务的过程中，自然而然地获得个人应有的权利，最终体现为具体而适当的名分。直接诉诸个人权利在中国伦理范畴中是突兀的、不合常理的，这一迥异于西方社会的义务本位观念与实践，有其源远流长的社会历史与文化背景。

家与国——个体与组织的中国范式

> 仁者人也，亲亲为大。[13]
> 案郑玄注："仁者人也，亲亲为大"者，仁谓仁爱相亲偶也。言行仁之法，在于亲偶。欲亲偶疏人，先亲己亲，然后比亲及疏，故云"亲亲为大"。[14]

儒家最高的道德标准"仁"是建立在人的血亲关系之上，这种亲情关系由亲至疏，由近到远。在中国古代先哲眼中，并不存在全然独立的纯粹个人，那么也就不存在所谓的个人权利，每一个个体都是存在于复杂伦理关系中的一分子，而所谓"入孝出悌"则将这种源自亲情的家庭伦理关系推衍至国家社会的组织关系之中。子曰："教民亲爱，莫善于孝。教民礼顺，莫善于悌。"[15] "教以孝，所以敬天下之为人父者也。教以悌，所以敬天下之为人兄者也。"[16] 因此，孝悌不仅是成人之本，也是立国之本，是所谓"孝悌发诸朝廷，行乎道路，至乎闾巷，是流于外。"[17] 于是，世系的系统与政治的系统就这样以礼的名义与方式糅合在一起，人情与秩序从此纠缠不清。

在中国式的父子关系中，父亲或儿子的单方面权利的获得，绝不会采用自我伸张的方式，即我是你的儿子，所以你必须抚养我并让我受教育，这是我的权利；我是你的父亲，所以你必须赡养我，为我养老送终，因为这是我的权利。这种基于法理维护个人权利的意识，在中国古代社会几乎是不存在的，也是没有意义的。在一个义务本位的社会形态中，个人权利的获得是在双方或多方的义务关系的付出过程中，自然而然获得的：我是你的父亲，所以我有养育你的义务；我是你的儿子，所以我有尽孝心、赡养你的义务。如此，父子双方的重点不是分清各自的权利，而是着眼于自己对对方的伦理义务与责任，个人的权益获得有待于对方基于同样的伦理自觉自然而然地给予，所谓"父慈可感子使孝，子孝亦能感父慈"。梁治平先生认为，"中国古代社会并没有需要保护（无论以何种方式）的公民权利一类的东西，法律对于权利的分配与保障，自然也就无从谈起。但是，中国古代法，就性质而言，本身没有权利发生关联的可能性，这一点反过来也成为中国传统文化中缺乏权利意识的一个重要原因。"[18]

即使在现代社会中，这一传统依然存在，至今我们仍习惯把不赡养老人的人称为"逆子"，实际上，仍是对"忤逆"行为的道德层面的谴责，而不是从老人个体权利维护的法律层面去思索赡养问题；除非迫不得已，任何人都不愿去对簿公堂，采用法律的形式去维护自己的正当权利。直到今天，百姓对社会公正的期望依然寄托于某一清官的出现，而不是法律制度的独立与完善；依然把为民办事的官员称为"父母官"，判断官员好坏的标准依然是道德良知，而不在意其执法方式或程序的合法性。

《大学》中的"修身、齐家、治国、平天下"，言简意赅地说明了中国古代社会理想中的个人、家、国与天下的关系：个人基于道德内省的修身是齐家之本，家作为最基本的社会单位，其尊卑有序、和睦相处又是治国之本，而国治的最高理想则是各安所份、各司其职、无为而治、天下太平的德治状态。就这样，中国人以基于亲情伦理的方式建立起中国社会所特有的组织结构。这种结构依于伦理自律的礼法方式，而不是公事公办的律法强制方式，事实上当从中国人嘴里说出"公事公办"一词时，并不是一个褒义象征，而更多的是一个推脱或不近人情的表达。到今天，私下解决依然是国人解决纠纷的主要形式，对簿公堂实在是彻底绝望时的无可奈何的一步，是当事双方都力图回避的、不体面的最后一招。

据桐城县志：桐城有"六尺巷"，清文华殿大学士张英居宅旁有隙地，与吴氏邻。吴氏超用之。家人驰书于都，公批诗于后，寄归。云："一纸书来只为墙，让他三尺又何妨。长城万里今犹在，不见当年秦始皇。"家人得书，遂撤让三尺。吴氏闻之，感其义，亦退让三尺。故"六尺巷"遂以为名焉。

这个流传久远、深入人心的故事，让我们见识到超越凡人见识的忍让美德与力量，但在我们为之折服感动的同时，如果你愿意将这一事件还原到其普通的民事纠纷的本来面目，就能体会到国人处理民事纠纷的态度、方式与西方社会的巨大差异。这种通过忍让而达到息事宁人的智慧的要义在于，处理纷争的重点不是甄别事实与真相，而是以德服人，以实际的损失换来道德的加分，而最终获得完胜，这就是普通中国人面对纷争的价值取向与智慧。"以力服人者，非心服也，力不赡也；以德服人者，中心悦而诚服也。"[19] 直接诉诸个人权利不仅是不被尊重与嘉许的，同时也是缺乏智慧与德行的象征。而以道德为标准，通过广泛的社会讨论，以德服人才是解决问题的正确的中国方式。这多少可以解释，在北京奥运形象设计过程中，从申奥标志到奥运标志，从吉祥物到奖牌设计等过程中发生的多次设计师原创之争最终都没有走上诉诸法律的道路，而是止步于舆论层面的争论的原因。

"息争止讼"不仅是中国普通百姓应对日常生活中各种纷争的基本准则，同时也是"和谐社会"政策层面的执政追求。直接诉诸法律以维护个人的合法权益，在民众的潜意识与政府态度双重层面，均不被推荐与支持，然而现代社会中权利问题的复杂性与紧迫性，往往必须依靠复杂而专业的法律规定与诉讼程序才能得以解决；另一方面，曾被西方法律界视为东方特色的民间调解机制，随着城市化的进程、中国乡治传统的地理因素及礼俗环境的逐渐消失而丧失作用，这就让当事人在通过道德反省与私人调解渠道均无可能或均无结果之后，只能寄希望于社会舆论的同情与帮助，除此以外，似乎别无良策。从这个层面看，"陈韩"原创之争最终没有走上现代意义上的法律程序，而是求诸舆论，违背本意地成为新闻追逐的对象与社会热点，多少显示出当事人的无助与无奈。

在西方社会环境中，法律是维护社会秩序的基础，通过法律的形式来时刻维护个体权益更是日常生活的常态，律于内与治于外，自律与法制，两者体现的是中国与西方社会迥异的社会组织与管理方式。这种社会组织与管理方式决定了人们的思考方式与最终的行为方式。

2012年第三十届奥林匹克运动会在伦敦举办，伦敦政府打出了"like no other"（与众不同）的口号。伦敦是全球新锐艺术与前沿设计的中心，伦敦奥运会的视觉形象设计自然成为值得期待的重要看点之一，那么伦敦以怎样的方式创作出一届与众不同的奥运形象呢？在这一过程中，作为高度重视个人权益的西方设计师或设计机构是如何处理知识产权问题的呢？作为紧接北京之后的新一届奥运会举办城市，伦敦显然是一个有意思的研究样本。

伦敦的方式

2012年伦敦奥运会会徽没有采用公开招标的形式，而是直接委托给Wolff Olins设计公司。为了了解有关伦敦奥运会徽的设计过程，2009年11月我在伦敦Wolff Olins公司对伦敦奥运会会徽设计总监Patrick先生进行采访。

杭：谁是伦敦会徽的原创？我的意思是谁最早想到要以"2012"四个数字来组织成这个标志？

Patrick：最早是我提出以"2012"四个数字来试一下，但在当时是很粗略的想法，后来，你知道，如何把这四个数字以图形的方式设计好，是一个反复而漫长的过程，在这一过程中，团队中的很多人都提出过意见或亲自动手修改过，伦敦奥组委的人也提出过意见，所以说这个标志应该是团队的作品（team work）。

杭：在伦敦奥组委对外公布会徽时，提及具体的原创人员名单了吗？

Patrick：没有。

杭：没有人为到底谁是会徽的原创者而争议吗？

Patrick：你知道，这是一个团队作业模式，如果一定要说是谁创作的，只能有一个答案，那就是Wolff Olins。这是一个公司行为。

在我见到Patrick之前，曾认为"谁是伦敦奥运会徽的原创设计师"会是一个占用很多时间讨论的问题，就如同在北京发生的那样。但没有想到，

图 2-04，2012 年伦敦奥运会会徽

图 2-05，2012 年伦敦残奥会会徽与伦敦奥运会会徽

几分钟的时间得到了清晰的答案。伦敦奥组委将会徽设计直接委托给 Wolff Olins 公司，对于 Wolff Olins 这样一个资深的品牌设计公司来说，员工在公司里的设计与其个人权利等问题，在雇佣合同中有明确的法律规定，所有员工在公司内的设计的知识产权属于公司，这是一种一切以法律条款约束或管理的社会所特有的明晰。

权与法的中西之辨

在西方，法的概念的缘起有着与中国迥异的社会背景与价值取向。自古希腊城邦社会建立以来，西方社会秩序的维系主要基于法制传统，一视同仁的法律对民众个人权利予以保护，对私欲予以约束。在持续的法律观念的进化过程中，西方民众坚信，即使是国王的权力也在上帝与法律之下，"恺撒的归于恺撒，上帝的归于上帝"，世俗的最高权威是法律，而不是上帝或国王。

对法律的信念与依赖源自古希腊人对人心"内省"能力的怀疑及对人性恶的警觉。

柏拉图在《法律篇》中认为，哲人的统治让位于法律的统治，法律比人心具有更多的确定性与保障。[20]

亚里士多德则出于"不敢对人类的本性提出过奢的要求"，而提出法律作为一种"没有情感的理智"是实现一切善德的最基本的条件。[21]

孟德斯鸠认为，既然"一切有权力的人都容易滥用权力"，那么"就必须以权力约束权力"。[22] 事实上，由分权产生的权力制衡一直是西方近现代法制的理论基石。

在柏拉图的《理想国》中，格劳孔提到：

人们说，就人的本性而言，做不正义事是利，遭受不公是害；可是遭受不公的害超过干不正义事所得的利。人们在彼此交往中既尝到过做不正义事的甜头，又尝到过遭受不公的苦头。两种味道都尝到了之后，却无法做到只获得好处而避免伤害，于是人们想最好能制定一个共同遵守的协议，从此诞生了法律与契约。他们把守法践约叫合法的、正义的。这就是正义的本质与起源。[23]

这段有关法律缘起的描述，其实正是发生在古代希腊乃至之后的古罗马社会的事实。我们脑海里的"古希腊"文明并不是在意大利南部、希腊、小亚细亚一带土生土长的文明形态，而是由半游牧的希腊牧民南下，通过对该地区原有氏族社会的征服而直接形成城市组织的一种特殊社会形态。古希腊的社会结构与一般的古代社会形态不同，由于所属地域被群山与海湾分割成为数量众多、面积狭小的地块，大多数古希腊城邦人数不过数百，最多不过数千，这就使得有别于通常的少数人政府的多数人政府成为可能。这个多数人政府管理的平民（Demos）社会主要是由有公民权的贵族、平民两大对立团体，以及社会中的第三类人群——没有公民权的奴隶（主要是被征服的当地土著及战争俘虏）和外邦人构成，但在大多数城市中，这第三类人群数量往往超过前两者。所以，古希腊城邦民主的权限仅局限于当地的特权阶层，而这种特权又仅限于城邦内出生的公民，这就使得古希腊人的爱国心强烈而偏狭，从而造成城邦与城邦之间不可能达成任何有成效的联合，持续的分离割据成为古希腊城邦社会的常态。

随着海上贸易、战争借贷持续扩大，奴隶及外邦人的增多，各种政体的彼此倾轧转换，古希腊城邦的社会关系日益复杂并逐渐分化，人们被迫通过契约、协议的方式来维持秩序、规范行为，以解决个人利益纠纷或社会争端。[24] 进入古罗马时代，与古希腊类似的是贵族与平民间的持续纷争与权利的讨价还价，公元前 594 年，随着梭伦立法的出现，财产多寡开始决定社会阶层，元老们审慎而稳步地扩大了公民权的授予范围。这一时期借贷交易频繁活跃，海上贸易与殖民冒险使得金融资本更为流动与自由，人与人的关系逐渐由家族关系进化成为契约形式，法律成为将具有公民权的个人维系在一起的重要纽带。基于此，法律成为不同社会阶层或团体共同遵守的基本准则，成为协调、平衡各种社会关系，解决个人利益纷争的理想天平。在意识形态范畴，制定法律的权力归人民大会成为社会共识，法律更以正义的化身成为市民社会道德理想的最终寄托。可以说，古罗马后期帝国公民权的普及及无限私有制原则的确立，意味着西方现代法律社会的雏形已经出现。

这就是西方社会法律肇始的背景与事实。

卢梭曾指出，"社会秩序乃是为其他一切权利提供了基础的一项神圣权利。然而这项权利绝不是出于自然，而是建立在约定之上的。"[25] 同时，强力不能产生任何权利,这就意味着"约定才可以成为人间一切合法权威的基础"。[26] 可以说,国家的本质是公共约定,而社会契约的制定目的是保障每个公民的个人财产与自由。由于公共契约是全体公民共同制定的,是全体意志的体现,是所谓公意,而意志的公意化表面上是投票的数目,本质上却是公民的共同利益,是对所有公民一视同仁的权利维护。因此,个体公民对法律的服从与遵守,就如同对自己个体意志的服从与遵守。"要寻找出一种结合的形式,使它能以全部共同的力量来维护和保障每个结合者的人身和财富,并且由于这一结合而使得每一个与全体相联合的个人又只不过是在服从其本人,并且仍然像以往一样的自由。"[27] 服从于法律之下的个人仍然是自由的,因为这种服从不是屈从于某个个人意志,而是服从既属于我个人所有,也属于任何公民所有的公共意志,法律面前人人平等,既没有主人,也没有奴隶。

在另一端,"人性的首要法则,是要维护自身的生存,人性的首要关怀,是对于其自身所应有的关怀。"[28] 但对所谓个人权利的尊重与维护的重点,并不是只属于自己所有的东西,而是属于他人所有的东西,这就意味着私人财富神圣不可侵犯的本质内涵是极力维护他人的权利,而这便是西方法律可以上升到正义的本质原因。西方社会中的公民的个体存在,与中国社会最大的不同在于,其本质上不是依于血亲关系而存在,而是依于社会公约关系而存在,因此,个体成为法律整体的一部分,这就是"公民"之名的本质。共同体的存在是公民存在的前提,个体争取个人权利的行为其实就是维护共同体的共同权利,这也是被中国的百姓和司法官员都视为不得已的"打官司"行为,在西方社会可以成为日常生活中个人权利维护的常态行为,并得到全体社会人的尊重与维护的原因。这种迥异于中国社会的法律缘起与社会现实是造成东西方公民个人权益维护方式大相径庭的社会历史原因。

对于伦敦奥运而言,另一个值得注意现象是,虽然伦敦奥运会徽没有出现类似北京奥运会徽原创的争议问题,但在伦敦奥运会徽设计招标合法性的问题上,伦敦奥组委备受职业设计师的质疑与诟病,英国设计师质疑的是,为什么这样一个具有全球影响力的重要标志,伦敦奥组委没有采取公开招标的方式,让所有愿意参与的设计师有一个公平竞争的机会与平台?花费 40 万英镑的巨额设计费独家委托 Wolff Olins 公司的合法性何在?另一个让人疑惑的问题是，如果伦敦奥运会所有形象元素都这样委托不同设计公司或设计机构来设计，那么势必会造成各形象元素之间的理念与风格的巨大差异，使得后期的视觉形象的统一成为难题。事实上，在伦敦奥运会徽出炉之后，伦敦奥组委又将体育图标设计委托给另一家设计公司，该公司设计的体育图标与伦敦奥运会徽的设计风格差异之大，就像是两个时代的作品。在采访 Patrick 的时候，我也提出类似的疑问：

杭：据报道，一些英国设计师质疑会徽设计的委托程序的合法性与公正性，他们说会徽设计直接委托 Wolff Olins 公司，而没有经过公开征集，让许多英国设计师或设计公司失去了参与这个重要标志的设计机会，是不公正的。

Patrick：你知道，伦敦与北京不一样，伦敦奥组委的预算很少，用于建设奥运场馆的费用尚成问题，给予形象设计的钱就更加有限。所以，他们没有办法邀请更多的公司来参与会徽的设计。

杭：但我知道最终伦敦奥组委为这个有争议的会徽设计向 Wolff Olins 公司支付了 40 万英镑的设计费。40 万英镑对于任何一家公司都是一笔不小的费用。

Patrick：（笑）伦敦奥组委目前只有一个初步的品牌管理团队，这个团队的负责人由伦敦奥组委主席、市场部的责任人等几个人组成，但没有设计方面的创意总监。为了应对形象设计需求，他们列出了一份名单，这份名单排列了目前英国最有资历的十几家设计公司。然后根据特定的需求挑选他们认为合适的公司，来做相关的设计，比如说会徽找了我们，而体育图标则找了另一家公司来做。

杭：这份名单上的公司的入选标准是什么？

Patrick：比如公司的年限、知名度、所拥有的客户性质与水准，等等，有一套标准。

杭：我看到最近发布的伦敦奥运会体育图标，与你们设计的会徽相比，似乎比较中规中矩，这是否是公众舆论的压力所致？一个风格新锐，一个风格保守，如果后面的系列设计继续委托不同公司来进行，那么风格会更加五花八门，伦敦奥运会如何整合这些风格迥异的元素，使之成为统一的形象系统？

Patrick：（笑）谁知道呢？好在伦敦总是不缺乏天才，最终会解决的。

图 2-06,2012 年伦敦奥运会体育图标

图 2-07,2012 年伦敦奥运会吉祥物

作为一家品牌设计与管理公司，我们当然希望能整体把握伦敦奥运会的形象设计，但问题在于，伦敦奥组委有别于一般的商业公司，它的钱是纳税人的钱，每一分钱的支出都需要向纳税人交代，所以伦敦奥组委没法把所有项目任意委托给一家公司，而预算的紧缺又使得他们没法组织太多的公司参与设计，而只能采用目前的方式，根据资历、能力等给各设计公司排名，挑选前几位公司成为设计供应商，根据入选公司的特长定向委托设计，也许是目前伦敦奥组委能想出的最公平的方案，也是最符合纳税人利益的方案。

对于伦敦奥组委这样一个带有政府性质的商业机构而言，重要的是设计采购的合法性，它是一切动作的前提。而合法性首先体现在招标程序的合法性，在预算有限的前提下，以设计公司综合实力为考量，对于设计公司也许是最公平的选拔方式；选择最具实力的设计公司设计伦敦奥运元素，也是符合纳税人利益的方案。在伦敦奥组委看来，虽然这一方案存有专业方面的争议，但该方案以纳税人利益为主旨，以合法性为前提，是现有条件下的最佳选择。

伦敦奥运形象设计的启示在于：

一，如何合法地花费纳税人的资金用于公共设计项目，是一切行动的前提，在过程的合法性与设计的专业性两难抉择中，伦敦奥组委的天平倾向了前者，这是一个法律高于一切的体制所具有的运作逻辑与价值导向。

二，即使在有悠久法制传统与卓越品牌管理经验的英国，伦敦奥运的设计组织的合理性、合法性依然招致公众与专业机构的广泛争议，难有定论，说明了奥运形象设计管理项目不同寻常的复杂性。

三，北京与伦敦奥运形象设计过程中出现的问题虽各不相同，但根本原因都是源自体制，是体制问题。北京采用体制内集体创作方式，伦敦采用非竞标的定向采购方式，在体制与体制之间存在着截然不同的价值取向与随之而来的运作方式。

当代中国虽然在管理形态上是一个现代法治国家，但治国的最高追求与境界仍然是以德治国，具体到法的层面，往往重刑法而轻民法，易于轻视或忽视个体权利的维护。在具体的执法过程中，往往又重结果而轻过程，不太在意过程的合法性。作为北京奥运系列重大设计项目的参与者，在我的经历中，指引奥运设计的一个重要思想就是先做起来再说，重要的是结果，而不是过程，因为这是一个国家行为，在国家利益面前，个体的利益退居其次。这不是一个强制的规定或预设的游戏规则，而是每个奥运参与者发自内心的自我要求与人格境界，但同时在每个人的内心又存有维护个人权益的强烈意识，这是一个纠结于义务本位传统与个人权益意识的设计实践。

"陈韩"之争如同许许多多设计师权益之争的事件一样，最终还是无果而终，但其影响却是负面的，"一争两丑，一让两有"，在一个视争权夺利为麻烦、不体面的传统语境中，申奥标志的发布，其舆论性质必然会对随后的系列奥运设计发布带来深刻的影响。一个显著的变化就是，之后的奥运设计发布，鲜见提及具体设计师的名字，发布核心旨在阐释具体的设计内涵或强调集体创作的贡献，以个人名义基本转为以集体名义。有意思的是，每个项目的主创人员的名字虽然不在发布会上提及，但发布会结束后的媒体采访则可以采访具体的设计师，让大众知晓究竟谁是某个奥运设计项目的主创。这种变通的方式体现了官方对主要设计师的个人贡献的某种认可与宣传，它体现官方的善意、人情，是对个人价值肯定的中国方式。但在这一过程中却会出现问题，媒体出于新闻效应的考虑而对受访者的引导或误导，加上信息在传递过程中常见的变形与失真、个别设计师出于个人目的的自我夸大，以及集体创作常见的个人在集体中的位置与贡献的含混不清，往往让事实扭曲，产生争议。于是，潜在的各种争端还是时而见诸各种媒体，难以绝迹。官方发布采用集体的名义、设计师采访以个人名义的变通方式，并没有解决主要设计师之间的排名、贡献等问题。

以集体名义还是以个人名义？这一问题在将来依然会是中国重大公共项目决策中的一个棘手问题。但有一点是确定无疑的，那就是以谁的名义的定夺最终还是取决于具体的设计机制。据此，我们有必要对北京奥运形象设计的组织形态与运作机制做进一步的分析与探讨。

第一节　注释

1. 纪录片 Bird's nest——Herzog & de Meuron in China，2008，瑞士拍摄。
2. 参见网页 http://news.sina.com.cn/china/2000-2-2/58743.html
3. 参见网页 http://www.people.com.cn/GB/paper53/6585/645261.html
4. 参见网页 http://sports.eastday.com/epublish/gb/paper346/20020818/class034600002/hwz804631.htm
5. 参见网页 http://www.beijing2008.cn/live/pressconference/pool/mpc/n214459928.shtml
6. 陈绍华承认，当初是自己建议将韩、靳两人名字加上去："去年1月29日，公布前一两天早上9点，我还未睡醒；奥申委有人打电话来，询问我作品在公布时，要如何'打名'，基于中国人的谦虚和厚道，我就说包括两人的名字吧。"参见网页 http://www.yzpi.net/zn01-4-5.htm
7. 参见网页 http://www.legaldaily.com.cn/zbzk/wc/fzwcj737/fwf/737f1.htm
8. 参见网页 http://www.people.com.cn/GB/paper53/6585/645261.html
9. （东汉）许慎：《说文解字》第二〇二部下，北京：中华书局，1981。
10. （东汉）许慎：《说文解字》第二〇二部上，北京：中华书局，1981。
11. （东汉）王充：《论衡》卷十七，"是应篇"第五十二。
12. （南朝宋）范晔：《后汉书》志第三十·舆服下。
13. （西汉）戴圣：《礼记·中庸第三十一》。
14. （汉）郑玄注，（唐）孔颖达疏：《礼记正义》卷五十二·中庸第三十一。
15. （唐）唐玄宗注，（宋）邢昺疏：《孝经注疏》卷六·广要道章第十二。
16. （唐）唐玄宗注，（宋）邢昺疏：《孝经注疏》卷七·广至德章第十三。
17. 同上。
18. 梁治平：《法辨》，北京：中国政法大学出版社，2002，第145页。
19. 《孟子》卷三/公孙丑上。
20. [古希腊]柏拉图：《法律篇》，上海人民出版社，2002。
21. [古希腊]亚里士多德：《政治学》，第八章，北京：商务印书馆，2009。
22. [法]孟德斯鸠：《论法的精神》，上册第十一章第四节，北京：商务印书馆，2009。
23. [古希腊]柏拉图：《理想国》，北京：商务印书馆，2002。
24. [英]赫·乔·韦尔斯：《世界史纲》，第二十章，桂林：广西师范大学出版社，2001。
25. [法]卢梭：《社会契约论》，第一卷第一章，北京：商务印书馆，2009，第4、5页。
26. 同上书，第一卷第四章，第10页。
27. 同上书，第一卷第六章，第19页。
28. 同上书，第一卷第二章，第5页。

第二节　以集体的名义——北京奥运形象设计的组织方式

北京的方式

为确保北京奥运形象设计的质量，同时确保设计招标程序公开、透明、公正，符合国家相关法规与法律程序，北京奥运形象设计招标主要采取公开征集与定向征集相结合的方式。以此为前提，北京奥组委根据具体设计项目，选择以下几种方式组织设计：

一、社会公开征集

社会公开征集面向所有专业设计公司、设计师以及愿意参与的普通大众。北京奥运会徽、吉祥物、奖牌等有重大社会影响力的奥运元素的设计，均采取全球公开征集的组织方式。

二、定向征集

定向征集由北京奥组委定向委托若干家设计机构，进行设计比稿，以确保最终方案的专业质量。北京奥运奖牌设计、火炬设计、核心图形前期方案设计、体育图标前期方案设计、门票设计、制服设计等，均采取定向征集的组织方式。

三、独家委托

独家委托由北京奥组委指定设计团队进行独家委托设计。北京奥运指示系统设计、火炬接力形象系统设计等，均采取独家委托设计的组织方式。

四、联合团队

联合团队由北京奥组委指定，采用设计师与评委组合、特邀设计师组合、特邀团队组合等方式，对某一奥运设计项目进行集体创作。北京奥运吉祥物设计、核心图形设计、体育图标设计、官方海报设计等，均采取联合团队集体创作的组织方式。

五、内部团队

内部团队是指北京奥组委文化活动部形象景观处成立的内部设计团队。

在奥运形象设计启动阶段，北京奥组委采用社会公开征集与定向委托专业设计机构相结合的方式，向社会公开征集方案能吸引更多的人关注、参与奥运活动，定向委托专业设计机构则能确保设计的质量与效率。早在1972

年慕尼黑奥运会，慕尼黑组委会就采取了类似的名为"混合"的征标方案，即不限制竞标者范围，同时向一些设计师发出特别邀请。[1]

而当某些项目设计没达到预期水准时，北京奥组委则采取联合团队集体创作的方式，希望以体制优势、集体智慧解决设计难题。

在奥运形象景观的实施阶段，出于安全、效率、统一调度等考虑，沿用了国际奥委会的惯例，组建内部设计团队，负责奥运场馆及中心区形象景观的具体设计与实施，设计人员主要来自中央美术学院与清华大学美术学院。

在林林总总组织形式中，最值得关注的是，一些重要的奥运形象元素设计采取了过去体制内常见的重大题材集体创作模式。这一组织形式是北京奥运形象设计过程中最特别也是最重要的核心环节，本节将以北京奥运核心图形的创作为例，对这一模式进行探讨。

核心图形最初叫"辅助图形"，在早期奥运形象设计中，奥运辅助图形采用对奥运主徽进行图形延展的方式，与奥运色彩系统相配合，运用于旗帜、围栏、服装等媒介。之后，辅助图形成为一个独立开发的形象元素设计项目。随着辅助图形在奥运形象设计中的作用与价值被逐渐开发出来，国际奥委会在名为"Look of Game"的品牌形象计划中，提出需要一个核心视觉元素来连接各奥运基础形象元素，以保证在具体的应用环境中奥运视觉形象的统一，最大限度地提升奥运品牌的形象价值。2005年7月，国际奥委会将"辅助图形"更名为"核心图形"（Core graphic），以强调核心图形在奥运形象战略中的重要意义。在奥运形象元素的具体整合中，核心图形是连接奥运会徽、体育图标、吉祥物与主题口号等其他奥运形象元素的纽带，被广泛应用于奥运竞赛场馆和非竞赛场馆的形象景观、奥运城市形象景观以及与奥运会赛事相关的环境及领域中，是创造一届奥运会整体形象景观最重要的视觉元素。

北京奥运会核心图形的设计开发工作始自2005年3月，最初采取定向征集的招标方法。应邀单位有中央美术学院、清华大学美术学院、中国美术学院、始创国际设计公司等。

经过四个月的紧张设计，各竞标单位共提供了数十套方案，在多轮评审论证后，无一方案获得首肯，而此时根据国际奥委会时间表，核心图形的提报时间已迫在眉睫，迫于时间压力，也出于对核心图形的高度重视，2005

年 7 月由北京奥组委牵头，组织成立中央美术学院、清华大学美术学院奥运核心图形联合创作小组，经过一个多月的封闭创作，在听取各方面意见之后，2005 年 8 月底，联合小组创作的祥云方案经北京奥组委执行委员会批准，被确定为北京奥运会核心图形。

  对于这种由竞争对手组成的合作模式的第一个疑问是，为什么北京奥组委没有沿用奥运形象设计惯例，聘用专业设计公司或团队来设计北京奥运形象系统，而是选用缺乏商业实践经验的高等美术院校？第二个疑问是，为什么在改革开放二十多年之后，北京奥运依然采用了在特殊年代为应对重大题材创作而创建的集体创作模式？

  奥运会由于其本身所具有的庞大体量与复杂结构，以及奥运品牌所涉及的全球性巨额商业价值与转播价值，再加上一届奥运会所特有的长达六七年之久的先期运作时间，使其成为全球最复杂的品牌设计与管理项目。追溯奥运形象设计历史，自相对完善的奥运形象设计系统形成之后，历届奥运形象设计工作多由职业设计师、专业设计公司或专业团队完成，几乎没有高等美术或设计院校承担奥运形象设计的先例。就近几届奥运设计而言，整合设计资源、创新工作模式、以专业团队方式完成奥运形象景观设计的成功案例，当属西奥多拉·玛莎里斯·金德尔（Theodora Mantzaris-Kindel）女士领导的 2004 年雅典奥运会形象景观设计。

雅典的方式

  1997 年，国际奥委会为了确保奥运形象景观在所有环境中的视觉统一，启动了 OGIP（The Olympic Game Identification Project）计划，[2] 该计划为新一届奥运举办城市的形象景观设计团队提供必要的授权与协助，通过培训支持、参观往届奥运会体育场馆、直接拜访往届奥运形象景观的设计者等方式，使得新一届奥运设计团队从中获得必要的设计方法，并在景观安装和物料选择等方面获得宝贵的经验。一年以后，第一届奥林匹克设计大会在雅典举行，全球超过 300 名设计师参加了大会，大会的主要议题之一就是如何让 OGIP 计划运用到雅典 2004 年奥运会形象景观设计之中。1999 年，雅典奥运会有了一个简单而有力的标志，它的设计者——西奥多拉·玛莎里斯·金德尔女士加入雅典奥组委,成为雅典奥运形象景观的设计总监。[3]

为了能最大限度地实现 OGIP 计划所追求的奥运视觉形象的高度统一,雅典启用了全新的设计组织模式,将形象景观系统设计全盘委托给了西奥多拉·玛莎里斯·金德尔女士领导的内部设计团队,而不是通过竞赛、招标、外包等方式分解形象景观的设计需求。西奥多拉·玛莎里斯·金德尔团队的工作范围涵盖了从雅典奥运基础形象元素设计、形象元素运用规范、KOP 工具包开发到场馆形象景观的运用设计,以及相关项目的制作招标等所有雅典奥运形象系统所涉及的要素与运用领域。

以下是雅典设计团队的主要工作内容:

开发设计雅典奥运视觉形象的构成元素;
为这些元素的使用制定全面的指南;
开发雅典奥运会形象景观 KOP 工具包;
根据 KOP 工具包将统一的形象元素应用到所有场馆之中——无论是竞赛场馆还是非竞赛地点;
制定指示系统设计指南;
运动设备视觉化;
启动招标程序。[4]

为什么雅典决定成立内部专业团队而不是按常规的方式,进行设计竞赛、竞标或将设计项目分割外包?西奥多拉·玛莎里斯·金德尔女士的理由是:

一,价格更便宜。

二,更容易找到优秀的设计人员。

三,建立一支以工作为乐的队伍。

四,便于控制(西奥多拉·玛莎里斯·金德尔女士指出,初期有一些项目外包,但由于对奥运品牌缺乏深刻理解等,某些由外部单位完成的项目达不到标准)。

低成本、专业性、人员与质量的有效控制、工作愉快,是雅典奥运设计组织的考虑重点,而要达到这一目标,缩小规模、提高效率是其关键。[5]

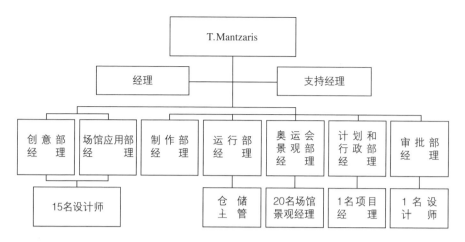

图 2-08，雅典奥运设计团队的组织结构图[6]

雅典奥运设计团队的组织结构具有高度简化的特征，向下，西奥多拉·玛莎里斯·金德尔女士以垂直管理的方式，与创意、制作、运营、行政、审批等各部门直接接触。向上，可以会同宣传部总监直接向雅典奥组委主席汇报，作为形象景观设计总监的西奥多拉·玛莎里斯·金德尔女士的权限，用她的话说，"仅次于雅典奥组委主席"，这样就形成沟通的直接性与权力的高度集中。沟通的直接性有益于及时解决上下级之间、部门之间的各种问题，消除障碍；而权力高度集中，它不是集中于主管官员，而是集中于设计总监，这样就大大减少了审核环节，清除了设计审核过程中种种非设计因素的干扰，最大限度地确保设计师的专业话语权，从而最终保证了雅典奥运的视觉质量，也成就了雅典奥运视觉形象的高度统一。

小规模的专业设计团队在应对奥运会这样的超大品牌形象设计与管理时，有其独特的优势：它让管理的层次最大限度地简化，消除了大品牌设计管理中常见的内耗与冗余；使用少而精的设计师队伍，能够让每个人的工作目标更清晰、更易于设计理念的贯彻与统一，让作业更具效率；而一支有针对性组建的设计团队更容易志同道合，以工作为乐趣，显然这也是发挥工作热情、迸发设计灵感的最佳途径。当然，雅典内部设计团队建立的两个最重要的前提是：一，雅典奥运的整体规模相对较小，使得小规模的专业设计团队得以应对。二，雅典是奥林匹克运动会的故乡，是奥林匹克精神的发源地，在别的举办城市绞尽脑汁设法将本土文化与奥林匹克文化融合时，雅典要做的就是展现自己的文化与历史。

雅典奥运会作为第一个受惠于 OGIP 计划的奥运会，在西奥多拉·玛莎里斯·金德尔女士的领导下，设计团队与国际奥委会密切合作，通过六年的勤奋工作，最终呈现出的雅典奥运视觉形象高度统一、单纯有力，获得业内外广泛赞誉，成为奥运形象设计史上的里程碑。在雅典奥运形象设计的诸多成就中，最突出的是对辅助图形的应用价值的全面提升，使得辅助图形上升为展现奥运整体视觉形象的核心元素。鉴于此，雅典奥运会结束后，国际奥委会于 2005 年将辅助图形更名为核心图形。

就雅典设计的组织目标而言，最引发我关注的是"建立一支以工作为乐的队伍"。

工作的心情与乐趣会成为设计组织的核心目标之一，在小型设计项目、设计师拥有绝对控制力的单体项目中，也许不难实现，但它会成为奥运设计这种全球重大形象设计项目的工作目标，的确有点出乎意料。这一信息所透露出的关键点不在于个体的情绪质量会成为影响设计效率与质量等组织动机的考虑因素，而是在于不同体制里决策者对重大公共项目中的设计师个体价值的不同取向与判断。雅典的这一组织目标让我意识到，即使是大至奥运设计这样复杂多层次的设计管理项目，也是可以兼顾个体的情绪、情感，甚至以个体情绪质量为重要工作目标参照。

在中国，我们已习惯于认同重大目标的实现只能是集体的行为与结果，个体只是实现这一目标的一块砖瓦而已。砖瓦的象征性在于无生命、无情感、无个性的物质属性，因此，要成为一块合格的砖瓦，就必须控制甚至牺牲自己的情感、个性与利益，这一观点在奥运形象设计过程中以及奥运结束之后的林林总总的总结与回顾里，被一再重申与升华。中国人最重要的价值取向从来都是，为了国家民族的利益可以奉献牺牲一切个人的利益。个体的情绪问题只能自己克服，忍常人之难忍，顶住压力、超越小我、创造奇迹一直是北京奥运设计师的自我追求，也是切实体会。雅典奥运设计组织中的所体现的鲜明的个体意识以及对个体情感与价值的重视，与北京奥运设计组织中所体现的集体意识以及在集体意识下的个体情感与利益困扰，产生鲜明的对比。同样是当代奥运形象设计，在体制与体制之间存有文化传统与价值判断的巨大鸿沟。

作为紧接着雅典之后的新一届奥运会，2008年的北京奥运会无疑是奥运史上最为重要的一届运动会，来自204个国家的参赛运动员超过11000名，[7]新闻记者超过20000名，[8]直接经济效益超过20亿美元，[9]全球实力排名最靠前的公司的CEO均飞抵北京，这是因为中国已成为全球发展最快、规模最大的一个新兴市场，奥运会将让各大公司财源滚滚。这个拥有地球上四分之一人口、正在崛起的庞大消费市场，是任何一家有远见的跨国公司所无法忽略的。同时，国内外希望加入到北京奥运设计服务领域的设计公司比比皆是，而举国的物质与精神的全面支持又使北京拥有足够的财力与底气聘用任何一家国际一流的专业设计公司。事实上，北京奥运会标志性建筑"鸟巢""水立方"等均采用了国外著名设计公司的方案。然而，对于奥运形象最重要的视觉元素核心图形的创作，北京最终却选择了两所高等美院——中央美术学院与清华大学美术学院。历史总是充满着神奇的机缘巧合，这两所中国著名的院校间的这种模式的合作，最早可以追溯到中华人民共和国成立的1949年。

集体创作的前世今生

1949年7月10日，新中国政协筹备委员会在《人民日报》等全国各大报纸上刊出《征求国旗、国徽图案及国歌词谱的启事》，其中对国徽的设计要求是：第一，中国特征；第二，政权特征；第三，形式须庄严富丽。截止日期为当年的8月20日。启事发布后，收到一些国内及海外应征方案，但无一满意。鉴于国徽设计是具有很强的专业性工作，8月24日，政协筹备委员会国徽评选委员会向全国政协汇报："因收到的作品太少，且也无可采用的，已另请专家拟制，俟收到图案之后，再行提请决定。"[10]不久之后，清华大学和中央美术学院收到了政协的邀请，分别组成了以梁思成、林徽因为首的清华大学营建系设计小组和以张仃为首的中央美术学院设计小组，展开国徽设计竞赛。这期间，清华大学提交了以璧（或瑗）为主题的方案，在《拟制国徽图案说明》中，清华大学解释了以璧为主题的理由：

拟制图案以一个璧（或瑗）为主体，以国名、五星、齿轮、嘉禾为主要题材；以红绶穿瑗的结衬托而成图案的整体。也可以说，上部的璧及璧上的文字、中心的金星齿轮，组织略成汉镜的样式，旁用嘉禾环抱，下面以红色组绶穿瑗为结束。颜色用金、玉、红三色。

璧是我国古代最隆重的礼器，《周礼》："以苍璧礼天。"《说文》："瑗，大孔璧也。"这个璧是大孔的，所以也可以说是一个瑗。《荀子·大略》篇说："召人以瑗。"以瑗召全国人民，象征统一。璧或瑗都是玉制的，玉性温和，象征和平。璧上浅雕卷草花纹为地，是采用唐代卷草的样式。国名字体是汉八分书，金色。[11]

而中央美术学院则提交了以天安门为主题的方案。在《国徽应征图案设计含义》中，设计者解释了以天安门为主题的理由：

天安门——富有革命历史意义的代表性建筑物，是我国五千年文化，伟大、坚强、英雄祖国的象征。[12]

完稿之后，梁思成质疑天安门主题，认为天安门太复杂，不易图案化，容易像风景画。张仃则回应道，画成风景画亦无妨，世界各国国徽中画地理特征的风景画是很多的，不能因形式而损害主题。

在经过多轮、多层次的审核与批示之后，根据中央决定，由周恩来亲自找梁思成谈话，说服他接受张仃以天安门为国徽图案的主张，并委托清华大学营建系最终完成国徽图案的制作，因为张仃方案的天安门基于目测，比例不够准确，而梁思成他们则曾对天安门进行过精确的建筑测量，拥有准确数据。之后再经过若干轮意见与修改，由清华大学营建系雕塑教授高庄完成国徽立体浮雕模型的制作工作。[13] 于是，先期的竞赛方式最终演化成为项目集体创作。

值得注意的是，对这一段与共和国形象设计相关的重要记忆与描述一直存有争议，特别是近些年以来，一些学者及当时的见证人均发表相关研究论文或回忆文章，在"究竟谁是国徽的主要设计者"这一点上，观点对立，各持己见，甚至在查阅了国家档案馆的部分国徽设计原始资料后，也依然难有

图 2-09,梁思成、林徽因"玉璧"国徽设计方案

图 2-10,张仃"天安门"国徽设计方案

一个明确的定论。如林洙在《建筑师梁思成》一书中，认为梁思成、林徽因是国徽主要设计者；而任继愈认为是高庄，也有人说是张仃。[14] 梁思成、林徽因、高庄早已去世，最后一位健在的国徽设计者张仃先生也于2010年初去世了。

究竟谁是共和国国徽的主要设计者？这一疑问在50年代集体主义的语境中是不存在的，强调集体成就、忽略设计师个人名利地位，是体制内集体创作模式的主要特征之一。在集体主义的符号下，个人的存在意义与价值在于能为集体的事业奉献个人的一切。从某种程度上讲，个体权益的忽略甚至放弃，是集体事业得以正常进行或持续存在的重要前提，在当时，任何可能的争取个体权益的想法都会被看做是极端个人主义的"私字一闪念"。这是一个权利意识让位于义务本位的特殊时期、特殊组织的特殊模式，从组织形式、过程到最终结果都烙上鲜明的全然不计个人得失、为新中国而设计的时代特征。在这一过程中，参与项目的设计师似乎都默认了这一现实，国徽设计的主要参与者梁思成、林徽因、张仃、高庄等在世时，均没有为自己在国徽设计过程中的个人贡献与应有声名做任何争辩，尽管任何人都深知参与国徽设计是一个人一生当中最重要、最荣耀的经历与成就。就个体情感而言，很难相信这些前贤们在内心深处也能如表面一般波澜不惊、从容淡定。在这一公案重新成为媒体争议焦点、众说纷纭时，当时唯一在世的张仃先生在很长一段时间里也始终以沉默处之。国徽的设计者们在内心深藏了怎样的情感与见识，永远无人知晓。这一公案之所以在近年又重新浮上水面，体现了在当下中国文化思想全面开放的背景下，个体权益意识的某种程度的自觉与反思，人们开始重新思索特殊时期国家重大形象设计项目中的个体价值与意义。

但从另一个层面来说，中华人民共和国国徽设计的最终完成，的确是在党的直接领导与关怀下，由最高领袖提出立国理念，时代精英们汲取中国历史文化精粹，最终由中央美术学院与清华大学两所院校的知识分子组成创作队伍，吸收借鉴了各方意见之后，集体创作的成果。在这一过程中，张仃设计了天安门主题的初稿，并被决策层认可；梁思成对张仃初稿予以完善；高庄的浮雕制作则进一步对会徽设计予以修正、调整；最终制作则由张仃小组完成。每个环节可谓环环相扣、相互支持、互为补充、缺一不可，国徽是集体智慧的结晶，这断无异议。

北京的定位

新中国成立以来，中国重大公共形象设计的传统，就是依靠高等院校的力量来完成国家级重大题材的创作与设计。从1949年国徽的设计，到十大建筑、历年的国庆庆典、香港澳门回归等共和国最重要的形象设计工程中，均可见到高等院校师生的身影。如果说改革开放之前，中国重大公共形象设计项目必须依靠高等院校是当时的条件限制，或是体制使然，那么在改革开放二十多年之后，中国的商业设计环境已大为改善，设计水准也大幅提升，同时全球化也使得国际一流设计资源得以共享的2005年，依然采取既往计划体制下的集体创作模式来应对北京奥运形象设计，必然有其特殊的理由与目的，对这一问题的分析需要从北京奥运形象设计的基本需求开始。

对北京奥运形象设计有两点基本要求：一，有中国特色。二，国际化。有中国特色是指要体现出鲜明的中国传统文化艺术特征，体现出中国五千年悠久文化的底蕴或精粹；国际化是指遵循国际奥委会通用规则，设计表现形式与语汇能与国际接轨，以国际水准充分体现北京奥运会对奥林匹克精神与文化的弘扬和发展。这一切都是为了展示国家形象，具体要从"文明中国、活力中国、和谐中国"三方面予以体现，"文明中国"旨在传统，要体现中华文明对东方文明与世界文明的贡献；而"活力中国"旨在当下，要体现当代中国的活力与风尚；"和谐中国"则旨在价值观念，要体现和谐社会的核心价值理念，展示开放、文明、乐观、友好的国家形象。

可见，北京奥运形象设计已不是一般意义上的运动会形象设计，而是上升到国家形象设计的政治高度。经历过1993年申奥失败，2003年北京终于申奥成功，对于中国来说，北京2008年奥运会将会是一个历史的重要转折点。中国政府的精心准备与巨大投入都昭示着"无论从经济意义，还是象征意义上说，中国领导人都把这届奥运会看做是一个变革的机遇"。这是一个重要的信号，意味着中国"进入全球大家庭，向未来打开大门的黄金机会"。[15] 这曾是一个世纪梦想，这个梦想始于1908年，当时的《天津青年》杂志提出了这样的问题："什么时候中国才会有可能在自己的土地上举办奥运会？"[16] 在梦想成真的 2008 年，北京奥运会不仅是一个全球性的体育盛会，更是中国融入全球的战略契机。对于一个有着长达五千年不间断文明史的国家的视觉形象而言，最终的视觉呈现与视觉质量固然重要，但更为重要的是，如前章所述，是它的象征含义，特别是在北京费尽周折拿下奥运会举办权之后，在一个全球瞩目中国的特殊时刻，组成北京奥运形象的每个元素，无论是会徽、吉祥物，还是体育图标、核心图形，都不再是单纯的视觉符号，而凝聚或蕴含着太多的内容与意义、太多的期望与责任。这是改革开放后的当代中国的一次重要亮相，它的最终视觉呈现需要在官方愿景、百姓期望及世界目光三者之间找到平衡，参与这一重大国家形象设计项目的设计师面对的是一个以图像的方式定义国家形象的政治目标。对于决策层而言，公开公正地按照合法程序找到最适合、最权威的机构来操作，规避任何政府采购中的商业风险，是第一位的考虑。安全奥运，始终是北京奥运形象设计的考虑核心。

学院的方式

中央美术学院与清华大学美术学院作为国内一流美术院校，积聚了全国优秀的创意人才，拥有深厚的文化艺术传统，更为重要的是，这两所院校均具有参与新中国历次重大题材创作的传统与经验。院校的体制使其能在较短时间内调动所有资源，组织起强大的创作团队进入工作状态。而以教学科研为主旨的高等院校的事业单位性质则有效规避了潜在的、与商业利益相关的操作风险。事实上，任何一家参与北京奥运设计的高等院校都是以院党委牵头，积聚全院力量，全力以赴投入奥运项目，而没有商业公司的成本概念。

中央美术学院参与奥运设计的方式，基本采取跨学科、跨年级的课题教学与创作，由于每学年各年级都有既定的课程安排，一旦调动学生参与设计，势必会影响既定课程的正常教学。为了解决这个冲突，往往会采取临时的课题教学方式，将教学与创作结合起来。为了在最短的时间里，最大限度地调动资源，人员构成也随之调整。教师方面，清华大学美术学院与中央美术学院均采取书记、院长牵头，教授负责，配以青年教师骨干组成教学创作团队；学生方面，则前期以本科生为主，配以硕士、博士组成学生创作团队,到后期执行阶段则以研究生、毕业生及少量专职设计师组成执行团队。

书记、院长牵头能够最大限度地调动院内外相关资源,同时作为院校一级的最高领导,他们的参与体现着对奥运设计工作的重视。

而教授负责制,使得四五十岁左右、最富实践经验的学术权威成为奥运设计的指导核心。这一梯队的人员多生于五六十年代,具有这一代人所特有的理想主义情操与使命感,有过计划体制下的重大题材集体创作的经历与经验,这种经历与经验使得他们在准确理解工作目标时具有足够的政策敏感度。既往重大题材创作经历让他们在错综复杂、百转千回的审批过程中,具有超人的忍耐力,并在时刻变化的方案进退过程中保持足够的变通能力;早年在传统艺术方面积累的人文素养以及长期的当代设计研究与实践经验,使他们能够在符合政策要求的前提下,确保北京奥运设计质量最终能够维系在一个相对高的水准之上。

就奥运形象这样的重大设计而言,需要在短时间内检索梳理浩如烟海的传统文化艺术文献,从中找到最能符合北京奥运形象的视觉元素。这时,院校的优势就充分体现出来了:在教授的指引下,依靠本科生的人海战术,在各种可能的方向上找寻、尝试各种方案,为团队提供尽可能多的奇思妙想,以供教授们进行策略判断,集中资源,优中选优,制定最有可能的设计方向。青年教师骨干、研究生具有理解能力强、实践经验多的优势,使之成为深化方案的创作主力。进入后期的执行阶段,则主要依靠稳定的专业创作队伍应对繁复而漫长的设计执行工作。

由书记、院长为奥运设计组织提供"人、财、物"的全面支持;教授指引方向,制定策略,解决各种通路问题;人数众多的本科生组成发散性创作小组,提供尽可能多的设计线索与方案;青年教师与研究生、毕业生深化具体方案,并持续跟进项目进程;另外,艺术院校丰富的文献资料与获得相关资源的各种途径,成为奥运设计丰厚的灵感土壤。这就是学院参与北京奥运形象设计的组织形式与优势所在。

公司的局限

国际著名的品牌策略或设计公司具有丰富的实践经验与深厚的运作与管

理能力，有的甚至拥有往届奥运形象设计经历以及与国际奥委会良好的人脉关系。但北京奥组委最终还是选择了院校作为北京奥运形象设计的主力，原因在于，国外公司很难在短期内充分理解中国公共图像所特有的政治象征与意识形态话语，同时对于博大精深的中国文化的典型性以及对中国艺术特有原则与风格，国外公司均存在由文化、体制、诉求差异所导致的理解、认知与再现差异。也许这种差异可以通过聘请中国顾问、雇佣本土员工、积极沟通等方式予以缩小，但在一个时间紧迫的特殊时期，要彻底解决这一问题是有相当难度的，或干脆是一个不可能完成的任务。

从操作的层面看，国外公司按所谓国际惯例来应对北京奥运的设计需求与审核机制，往往显得僵化机械，缺乏东方式的弹性与变通。在跨文化的沟通过程中，北京方面事事审慎，追求完美，强调实效，随机推进设计进程的工作方式，让习惯于严格按照规则与既定时间表工作的国外公司承受巨大压力。一方面，他们需要接受北京奥组委持续的改变与否决，适应北京奥组委跳跃性的工作节奏与进度；另一方面，如何能让自己的国外上司理解这种与既往经验不同的单方面的变动，以期得到公司对看似没有章法的改变给予人与事的及时调度与持续支持，也是一件困难而痛苦的工作。外国人难以理解，这不就是一个 game 吗？为何这么复杂，需要这么多的审核程序，经历这么多的波折与改变？而对于中国而言，北京奥运显然远不止是一场盛大的国际体育赛事那么简单。

中国本土的设计公司虽然具有沟通方面的文化与语言优势，但当代设计在中国仅仅是改革开放之后的事物，一方面，本土设计公司缺乏重大国际品牌与重大赛事形象景观的设计经验，也缺乏国家重大形象设计的实践经验；另一方面，在持续的商业竞争过程中，本土公司往往疲于应对市场，而缺乏对中国传统文化艺术的研究与梳理。事实上，中国传统文化与艺术在当代设计中的表达问题，还处在探索的初期阶段。可以说，中国虽然有一些成长性的优秀设计公司，但无论是经济实力还是文化底蕴、执行能力，都还没有足够强大、成熟到可以应对现阶段政府重大公共形象设计的特殊需求。

所以时至今日，逢重大国家形象设计项目，仍选择高等美术院校是一种务实的主动选择。也许在未来，当体育还原它本有的竞技或娱乐的简单性质，不再背负重大使命与政治内涵时，当中国的设计真正呈现出自己的风格面貌、真正进入国际一流设计行列时，高等美术院校也许会回到它作为学术与教育机构的本来位置。在我看来，高等美术院校师生成为北京奥运形象设计核心力量是以体制优势解决现实难题，是走出困境、弥合缺漏、最终解决问题的中国方式。

联合中的暗战

如果说高等美术院校师生成为北京奥运设计核心力量是务实的主动选择，那么将两个原本是竞争对手的美术院校组合在一起，进行集体创作的原因又是什么呢？

在我看来，无外乎两个原因：一，如前所述，迫于时间的压力。由于定向征集的方案并没有达到预期结果，而时间已不允许进行再一轮的设计竞赛。二，安全性的考虑。当时，决策层需要向上面交代的是，在一个紧迫的时间段里，是否已经调动、组织一切可能调动与组织的最优资源？既然中央美术学院与清华大学美术学院是国内最优秀的美术院校，那么将两所院校强强联合进行集中创作，理论上是最佳的资源组合，同时这种强强联合模式是对所有层面均可交代的最佳选择，成则皆大欢喜，败则问心无愧。至于这种由两个竞争对手组成的合作模式所蕴含的潜在冲突以及执行难度，则有望通过院校的体制予以克服。这是一个特殊时间、特殊组织的特殊团队，在这种组织关系中，两家设计团队无论是团队领导者还是一般成员，均需要在极短的时间里完成从竞争对手到合作伙伴的角色转换与心理适应。同时，这种临时性的仓促决定，完全没有时间对双方团队中个人的权利与义务等问题进行必要的讨论与定义，大家关心的焦点是这种强强联手是否能在规定时间里完成这项事关重大的设计任务。过程的合法性问题与随之而来的可能后果往往被忽略或暂时搁置，先将眼前的麻烦对付过去是常见的中国式处事方式。在危机面前，中国人常有的那种群体利益高于一切的传统意识、结果重于一切的共识，会让几乎所有参与者将焦点集中在共克时艰的努力上，而暂时放下个人的得失问题。只要能达到最终的目标，个人的委屈乃至牺牲都是值得的。同时，为了群体最高利益，对某些规则的变通乃至违背，在传统的道德语境中也是可以接受的。不仅如此，在某种极端情形下，这种变通与违背所涉及的对个体权益的忽视乃至侵害甚至被视为一种高尚的牺牲，是一种更高道德的追求与人生境界。

在北京奥运形象设计的早期竞标阶段，中央美术学院与清华大学美术学院就显示出作为中国最重要的两所高等美术院校的实力，事实上，大多数北京奥运形象景观设计项目的最终角逐都是在这两所院校之间展开的。中央美术学院与清华大学美术学院各自的学术优势非常分明，清华大学美术学院作为中国历史最长、最资深的设计学院，曾参与无数国家重点设计项目及各种商业设计项目，在把握政策高度、理解工作目标方面具有先天的敏锐。以核心图形创作为例，在所有核心图形方案均遭否定，而提报时间所剩无几的关键时刻，清华大学美术学院设计团队将原先设计的彩条纹样转化为祥云绶带，并组成圆形图案，以此契合"同一个世界，同一个梦想"的北京奥运理念，命名为"祥云"，此举迅速得到决策层的认可。而中央美术学院作为一个后起的新秀，设计观念新锐，此外受学院纯艺术氛围的影响，设计专业学生具有较高的审美趣味。在早期提报的方案中，曾创造性地运用多层次透叠技术结合丝绸水墨等肌理表现，使得核心图形兼有时尚与传统的双重趣味。两个团队合作伊始，大家虽然由背靠背转为面对面状态，老对手之间的戒备并没有丝毫放松，双方还是在完善各自的方案，所谓联合创作貌合神离。

中央美术学院在进入联合团队之后，依然试图独立作业，找到更好的原创方案，但无果而终；清华师生在何洁教授提出"祥云"方案后，主动借用中央美术学院多层次透叠的丝绸肌理，使得"祥云"方案得以改进，这一技术层面的借鉴被中央美术学院团队成员视为"抄袭行为"，而不明白"彼此借鉴"正是奥组委建立联合团队的初衷与目的。

事实上，将几个方案综合一直是中国决策层心目中强强结合的最佳方式，这种方式将不同方案进行要素或理念抽取，予以结合以合乎某种政策目标。虽然这种做法往往存在着方案之间原有理念或形式的错位甚至是冲突，但其最终的呈现又必须是从理念到形式的完整统一，而不能显示出拼凑或冲突的痕迹。集体创作模式不可避免地具有某种强制性，它需要设计师能及时调整个人的形式趣味与观念倾向，勇于接受不熟悉、不喜欢甚至是对立的观念与形式。设计师在调整心态的同时，还需摆正位置，弱化个人作用，强调集体的利益与价值，为更高的目标进行积极变通与坦诚协作。在这一过程中，个人只是成为建造某一重要观念或形式大厦的一块普通砖瓦，任何过于强调个人原创的独立意识或作为，在集体创作模式中都是具有破坏性的，自然也是难以存活或难以为继的。所以，对于过于讲求个性的设计师而言，这种性质的集体创作过程很难是一个愉快、和谐的过程，纵然这种模式的起始动机与组织行为都是以有利于全体人的最高利益为名义的。

时间可以转变一切，在意识到决策层已明确确认"祥云"主题的态势下，中央美术学院团队开始接受现实，在清华方案的基础上创造出动态"祥云"方案。到了这一阶段，表面上看，双方队员仍然分别作业，各干各的，但其实已进入设计融合阶段，彼此心照不宣地开始借鉴对方的长项，使得核心图形设计终于出现转机。最终在清华大学美术学院团队创造出的"祥云"主题的基础上，中央美术学院运用透叠等技术方法完善了最终的"祥云"方案。可以说，"祥云"图形的诞生是两院合作的结晶。

时光荏苒，在这个案例完成已五年之久的今天，每每反思这种并不"和谐"的合作之所以能够成功，并且在共享成果的时刻，在场面上没有发生明显争执的原因时，我的第一念头是人的素质，而不是制度的关系。今天，清华大学美术学院依然认为"祥云"核心图形主要是他们单方面的成果；中央美术学院依然认为"祥云"的原创缺陷是显而易见的，"祥云"核心图形设计的最终成功源自中央美术学院师生创造性的修正与完善。但值得欣慰的是，虽然存有各自的理解，但几乎所有主要当事人都保持了君子的风度，"祥云"原创者何洁教授以及为"祥云"修改起到至关重要作用的常沙娜教授，更是低调得很少提及自己的贡献，使这一集体创作能够善始善终，波澜不惊。依于人情、人格的力量，而不是依于制度与法律的力量来规范组织过程与个体行为，至今仍是国人处理具体事务的主要方式。但这一依于君子之德的完满结果并不能掩盖隐含的争议，就北京奥组委官方而言，"祥云"设计成果由清华大学美术学院与中央美术学院两家共享，是集体创作的结晶。但就设计团队的亲历者而言，在内心深处依然存有波澜，即使大家都默认这项设计终须以集体的名义呈现。

从申奥标志主创之争，到德梅隆在"鸟巢"奠基仪式上的失落，到"奥运吉祥物之父"之争，到奥运奖牌原创之争，再到奥运核心图形"祥云"艰难的联合创作……参与北京奥运设计的设计师们曾经历了怎样的心路历程，也许只有当事人自己知道。北京奥运形象设计实践表明，由于安全策略的需要与设计组织的特殊性，北京奥运设计师的个人权利的获得与维护方式往往不同寻常，甚至出人意料。在一个举国参与、能参与其中便是一种幸运与光荣的设计竞赛过程中，很少有人有信心能笑到最后，所以极少有设计师在一开始思考个人的权益问题。但再残酷的竞争最终还是会出现幸存者，在花团锦簇的时刻，人们的欲望往往也达到自己不曾预见的峰值，名分从来没有像这一刻变得如此重要与现实，它不仅是对个人过去所有付出的认可，同时也是奠定个人地位、走向全新未来的基石。

西方世界常见的"说清楚再做"的方式，简单直接地诉诸个体权益与义务，在中国人看来或过于直露，或不近人情，但权责明确，往往让过程清晰明了，结果也较少争议。就复杂的商业环境而言，也许这种方式是最实际、最符合人性的。但遗憾的是，这种条分缕析、泾渭分明的直接方式并不符合或难以应对北京奥运设计的紧迫需求与复杂状态。而"先干起来再说"的方式，以团队意识、义务本位为工作出发点，看似顾全大局、有奉献精神与君子之风，然而水面下始终涌动着对最终个人位置与权益的渴望与争夺。在我看来，占有更多是人的生物本能。在没有等级秩序与预先规定的状态中，每一个参与者都会试图最大限度地攫取属于自己的那一份，无论那是一块肉，还是一个虚无的声名。

"不争"，在传统文化中往往被描述成为一种超凡脱俗的境界，但在世俗世界中更表现为一种策略，是"争"的中国形式，即万物莫能与之争，但这需要超越凡人的智慧与跨越时间的定力。在一个讲求即时成效与快感的实用年代，大部分的"不争"都会以加倍的争斗与不体面而结束。

"说清楚再做"与"做起来再说"，也许本质上并没有对错与高低之分，在不同的体制中，各有其效用与合理性。"做起来再说"，调动一切可以调动的力量，不惜一切代价，以高度集中的集体创作的方式进行设计攻关，最终以集体的名义体现设计成果，的确解决了北京奥运形象设计的系列难题，并达到一定的设计质量。北京奥组委在总结北京奥运形象景观设计诸多创新时指出，北京奥运集体创作的模式是一种工作方法上的创新：

  组织设计修改小组，发挥体制优势，动员所有资源支持、配合、保障修改小组的工作,集中集体智慧,创作一流作品。[17]

"不管白猫黑猫,捉住老鼠就是好猫。"在一个讲求实效的中国当下环境中,设计机制的新与旧,本身并不重要,在具体的设计实践中的适应性以及最终的效用,才是决策者关注的。对于所有亲历者而言,由竞争对手组成的北京奥运形象设计的集体创作实践,也许并不是一个令人愉快的经历,但在决策者看来,这种以高度集中的体制优势解决当代设计难题的方式,最终保证了北京奥运形象设计在其所处的历史阶段达到了最佳状态。

在风暴来临时,集体的号角往往会让个体暂时忘却或放下私欲,从而积聚群体的能量,以应对危机。但风暴过后,集体很快回归松散,回归到单个的个体,暂时压抑或忘却的私欲开始膨胀,人与人之间开始彼此排斥、走向分裂,直到危机的号角再次吹响。这本身并没有好坏之分,这只是事实,在不断重复的事实而已。

第二节 注释

1. 《慕尼黑奥运会官方文件汇编》，第一册"组织"。
2. *OLYMPIC GAMES IDENTIFICATION PROJECT* (OGIP), Prepared for the Inter-national Olympic Committee by Iconologic, 2005.
3. 同上。
4. 《雅典奥组委（ATHOC）形象和景观工程研讨会总结》，国际奥委会奥运会知识服务公司，2003。
5. 同上。
6. 同上。
7. 北京奥组委体育部部长张吉龙2008年8月1日在主新闻中心召开的"北京奥运会竞赛组织工作"新闻发布会上发布的官方数据。
8. 《北京奥运会注册记者将达21600 超过运动员人数》，《解放日报》，2007年2月10日。
9. 《奥运会直接经济效益超20亿美元 间接收益八大项》，人民网，《中国经济周刊》，2008年9月8日。
10. 李兆忠：《玉璧与天安门——关于国徽设计的回顾与思考》，《书屋》，2010年第2期。
11. 祝勇：《张仃确定用天安门做国徽主要图案的设计思想》，《检察日报》，2009年9月19日。
12. 同上。
13. 朱畅中：《国徽诞生记》，《文汇报》，1995年10月17日。
14. 《梁思成、林徽因设计国徽始末》，《中华读书报》，1997年10月1日（文章内容选自林洙著《建筑师梁思成》），文章说，"1950年6月23日，召开全国政协一届二次大会。在毛主席提议下，全体代表以起立方式一致通过了梁思成所领导的林徽因参加设计的国徽图案"。

    《任继愈先生投书本报指出，国徽设计者应是高庄》，《中华读书报》，1997年10月15日。文章说，"据我所知，国徽设计者是清华大学的一位青年教师，他叫高庄（男）"，"国徽最后选定了高庄的设计，并经中央政治局通过"。

    《国徽设计者到底是谁》，《中华读书报》，1998年2月6日。文章说，"国徽设计涉及好几个方面，有近一年的过程，它是多方面参与、阶段性完成的、集体创作的成果。但是，参与创作者的不同分工和责任还是可以划分得很清楚的，主体创意：张仃；图纸成稿：清华大学营建系；模型定型：高庄"。

15 ［英］麦克尔·佩恩：《奥林匹克大逆转》，上海：学林出版社，2005，第3页。

16 同上。

17 北京奥组委：《形象景观培训手册》，第二章"北京奥运会和残奥会形象景观设计理念定位规划"。

第三章　　幸存者的游戏

——北京奥运形象设计的质量控制与设计决策

图 3-01，北京奥运体育图标设计

第一节　幸存的方式——设计师策略

数量作为策略

越是低等的植物，生产出的种子数量越多，种子借由风力、水流、动物携带等方式传播，只有少部分种子能深入泥土，成活长大；海洋中的鱼一次可产卵几十万、几百万，最多的，如翻车鱼一次能产两千五百万到三亿枚卵。有的鱼产卵后会照顾卵子直到孵化成幼鱼，有的产完卵后则一走了之。越是缺乏照料、随波逐流、听天由命的卵，所产数量也就越多。不管哪种情况，真正能长大成鱼的，是极少部分。

正常情况下，一个成年男子一次射精数量可达数千万至三亿个左右，这支数量庞大、蔚为壮观的精子队伍拼尽全力游向一个方向，只为争夺一个卵子。大多数情况下，最终只有一个精子获得成功，这是一个千万分之一、亿分之一的概率，是有幸来到世上的每个人的生存概率，从这个意义上讲，我们每个人都是独一无二的幸运儿。

在茫然未知的世界，生物对环境越是缺乏掌控，越是依靠自身繁衍的庞大数量，去应对所有必然或偶然的凶险与意外。大部分的植物种子、鱼卵或动物幼崽最终都将夭折，或成为掠食者的食物，或消亡于种种意外。这是一种骇人听闻的大规模牺牲，这种大规模牺牲最终换来的是数量稀少的个别幸存，如果失败者是一万的话，幸存者就是万一，"万一"这个词以一种希望渺茫的概率描述、揭示了幸存作为概率事件的本质。

不够公正的是，最终的幸存者未必是最强者，幸存固然与个体素质有关，但最终幸存与否的关键也与运气息息相关。然而，运气虽不取决于绝对的数量与实力，但足够多的数量与相当的实力的确是运气的前提，身单力薄、单打独斗却能支撑到最后的概率几乎等于零。

可见，以本能的力量增加种群数量去对赌生存的几率，是生物存活的基本策略。这种最古老的生物本能，至今依然是我们生存的主要依靠与法宝，不管是为了自己活着，还是为了自己的孩子或作品活着。

参与奥运设计竞赛是一种无法预知、无法控制、持续煎熬的漫长过程，很少有人奢望最终的幸存者会是自己，但在这一过程中，所有参与者都在以各自的方式试图存活得比对手久些。然而活得长久并不是唯一的目的，奥运设计师的使命在于，一端是力图通过层层审核，战胜对手，笑到最后；另一端是在持续的审核过程中最大限度地保持作品的专业性与水准，让最终作品的视觉质量与政策高度同步。每一位设计师或每一个设计团队都有自己的解决之道，但大家共有的方式或策略都或多或少与数量有关。

所有北京奥运设计的参与者都面临三种挑战：一，对目标定位的把握。二，创作素材的选择。三，与竞争对手的抗衡。在一个充满高度不确定性的设计竞赛过程中，想要让自己的方案能够入围、存活到下一阶段的基本方式，是多方向、多角度累积足够多的方案，以确保既有的方案数量及差异性能尽可能地覆盖到所有的可能性。足够多的方案数量是建立信心、深化设计、让设计产生质变的基础，同时更是应对竞争对手的基本策略：在有可能产出庄稼的地方，你必须预先埋下自己的种子，因为没人能预测到最终哪块地里会产出东西，所以把地先占上是重要的策略。

在北京奥运形象定位两个要素中，"有中国特色"最易理解，但最难落实。而"国际化"多与风格形式有关，相对易于把握，一旦把握住"有中国特色"与"国际化"，"国家形象"自然而然就浮现出来。"有中国特色"曾被浓缩成为"奥运十六天展示中国五千年"的宏大愿景，在这个激动人心的愿景背后，其实是一个难以完成的任务。所有北京奥运形象设计的参与者，无一例外地都试图从中国传统文化中汲取灵感，提取元素，并以现代的形式予以体现。然而，我们祖先在几千年的漫长岁月中持续创造的文化与艺术，就像一个没有边际、深不见底的宝库，在让我们获得取之不尽的设计灵感的同时，浩如烟海的信息及信息本身所具有的多义性，又让所有人心生茫然，无从抉择。

没人知道通过何种抽象或浓缩的方式能够找到代表中国五千年文化的典型图像，于是，唯一能做的就是尽一切可能去搜寻能搜寻到的各种中国传统图像，在找到的每一种传统艺术门类或具体素材上，都试试生发的可能性，这就造成了工作量的剧增：始创国际公司以主徽"京人"造型为单一元素创作的体育图标方案达四十多套；奥运制服设计小组提报的设计方案一次就达一百多套；二级图标、体育图标、核心图形等，各家提报的方案均多达数十套之多。对数量的依赖源于不确定性，而高度不确定性往往导致异常的压力与惶恐，这是一个有目标、没有方向的竞标过程，商业设计中常见以数量博取机会的设计策略，成为奥运设计参与者的共同选择，而决策者也乐见方案数量的激增，作为一个非专业的设计决策者，最终的决策判断与信心往往来源于对种种可能性的全面收集与掌握。

对于设计师而言，这是一个以数量换取生存机会的痛苦过程，但对于决策层而言，却是一个形象设计上升到国家形象高度后的必经过程，因为所有的人——决策者、各职能部门官员、专家、学者、设计师——都需要在检视所有可能性之后，才能有信心给出最终的判断与抉择。这是一个有悠久文明历史的大国的当代形象工程所必须经历的复杂过程，因为这个过程不仅是传统图像选择、重新整合、现代体现的具体实践，更是传统意识形态的检索与重新定义，在这一过程中，不仅种种元素、种种设计形式得到有效尝试与比较，更为重要的是，种种元素或形式背后的寓意得到多层面的集体论证与升华，最终得以与政策目标对接而成为国家形象的视觉阐释。

阐释的力量

"鸟巢"与"水立方"的设计中标传递了一个信号：独特性是奥运设计考量的最重要指标之一，做独特的东西成为所有北京奥运设计项目的共同目标。独特不仅是奥运设计评审的重要指标，也成为设计师赢得关注的重要利器，"金镶玉"奖牌的胜出就是其中一个典型。

在夏季奥运会奖牌设计历史上，从未有人使用过除金、银、铜以外的其他材质来设计奖牌，所以几乎所有参赛单位都延续这一惯例。我们也知道这一惯例，但我们试图以具有中国文化内涵的材料——玉，来试试突破的可能。在后续的修改过程中，早期方案里的玉心改为玉璧，以求得更为得体的形式比例与更深厚的文化寓意。最终突破夏季奥运会奖牌设计材质惯例的"金镶玉"设计成为最终的赢家，而清华大学美术学院同样以玉璧为主题的竞标方案，因始终停留在传统的金、银、铜材质上，使其虽在奖牌首轮评审中位列第一，但最终却落选。设计策略的些微差异，最终会造成迥异的结果。

但独特并不是成功的全部理由，作品背后的寓意是否符合政策目标才是成功的关键，独特性、寓意与视觉质量等多重要素要完美统一。听上去怎样与看上去怎样同等重要，设计阐释成为作品存活的关键因素之一，特别是在高级别的评审阶段。

传统器物、图像与其原有的象征意义，如何能在经历漫长的时间流逝与语境变迁之后，仍然能保持生命力并演绎、生发出合乎当下政治需要的新意象？这个风格与含义全新的意象既需要与传统中的积极因素相联系，又要与政府试图传达给国际社会的信息相一致，同时在基本理念上又能符合当代国际政治中的普世价值观念。传统图像的多义性所引发的多重读解能否被准确、积极地定义，能否被提升为一个历史悠久的文明古国的当代形象阐释，成为决定方案前行或终止的关键因素。

如上所述，玉的材料创新只是引发关注的因素之一，最终选择"金镶玉"的原因在于，玉这种材料的文化寓意及其与当下的关联性：玉本有的与中国古代祭祀仪礼相关联的材料属性，使其成为中国礼的最典型的物质载体；"比德于玉"对君子人格的全面追求与奥林匹克宪章中对个体人格的尊重、对人类平衡发展的追求具有同一性；而玉与儒家文化的紧密关联，又使得玉的象征与当下以儒学思想为主导的和谐社会的政治语境相契合。象征与象征之间的彼此通融与再现，让玉的古老寓意最终生发出合乎政策目标与大众期望的当代意义，成为北京奥运中国国家形象视觉阐释的理想要素之一。

中国文化讲求师出有名，传统意象的恰如其分的阐释与发微是一切北京奥运形象设计的开始，也是最终的目标。

一切都是平衡

光有数量是不够的，与自然界发生的事实一样，依于数量的竞争往往是较低层次的竞争。随着评审级别的提升，方案的质量才是胜出的关键因素。然而，在一个有限的时间里，一端要求以足够数量的方案涵盖所有方向与可能性，另一端则要求每个具体的方案能达到最高的设计质量，因此每个参赛团队必须在数量与质量之间做出平衡与取舍。此外，对奥运设计质量的把控是一种极为复杂的平衡的艺术，所有的奥运设计需要在漫长的审批过程中得到包括国际奥委会、北京奥组委、相关职能部门、设计专家委员会、各国际体育单项联合会、体育专家、技术官员、转播机构乃至赞助商等多方面的认可，因此，可以说奥运的设计过程是一种平衡各种需求、思想、观点、趣味的艰难过程。如何在这一过程中汲取各方意见，最终让所有人认可又依然能保持设计原有的个性与品质，几乎是一个不可能完成的任务。然而，这就是奥运形象设计师面临的情势。平衡意味着取舍，保留什么，舍去什么，坚持什么，放弃什么，设计师必须依靠自己的智慧与良知给出答案，特别是在良知要求坚守、功利劝诱顺从的时候。想成为最后的幸存者，必须以自己的方式通过这层层审核的煎熬，不管是凭借专业优势，还是阐释功力，抑或只是运气使然。但最终的幸存并不意味着最强、最好，某种极端情形下还会是很烂、很臭、很丢人。在这个幸存者的游戏中，设计师要想体面地笑到最后，并有自信面对最终的作品，面对世人的眼光，方法其实并不多。

第二节　趣味的背后——北京奥运形象设计的美学思考

黑色的火炬

2006年6月30日，我代表中央美术学院奥运火炬设计小组去北京奥组委参加奥运火炬设计复评提案会议，参加复评的单位有中央美术学院、清华大学美术学院、联想集团等六家单位。我们的方案名为"颂"，该方案的设计灵感源自中国古代陶制乐器"埙"："埙之为器，立秋之音也。平底六孔，水之数也。中虚上锐，火之形也。埙以水火相和而后成器，亦以水火相和而后成声。故大者声合黄钟大吕，小者声合太簇夹钟，要皆中声之和而已。"[1]

埙由火烧造而成，与奥运火炬接力传递圣火、弘扬文明有相关性；埙为上古雅乐用器，在中国，乐与礼紧密关联，"乐者，天地之和也。礼者，天地之序也。和故百物皆化，序故群物皆别"，[2]所谓"兴于诗，立于礼，成于乐"。[3]火焙成埙，埙以唱和，理念上具有中国文化的典型特征，又高度契合北京火炬接力的和谐理念，在具体的火炬造型上，我们也试图以东方美学的趣味来强化这一理念：

一，整体火炬造型呈流线型，上阔下窄，中空，表面镂刻五孔，象征"天有五星，地有五行，人有五德"的对应关系，以此体现中国古代"天地人和"的哲学理念。火炬中空的设计灵感源自传统美学的空灵趣味。

二，通体炭黑色，陶质感，刻暗纹（纹样为北京奥运核心图形），追求含蓄、质朴、内敛的趣味。

三，一反以往火炬竖插的摆放方式，火炬横置，更具有东方式的仪式感。

实物打样出来后，我本人认为这是我所见到过的最有品位、最有禅意的奥运火炬，并梦想着"颂"能够像我们的"金镶玉"奖牌一样一路过关斩将，成为最终的赢家。

然而在我汇报的整个过程，评委们并没有表现出我所期待的惊喜与热情。几天以后，组委会通知我，"颂"最终止步于三甲，而联想集团的"祥云"火炬成为最终的赢家。很长一段时间，我都对这一结果难以接受，耿耿于怀，把"祥云"火炬的最终胜出看做是一场企业操作的产物，联想总裁杨元庆在火炬设计提案会上对北京奥组委的执委们这样阐明：

图 3-02,中央美术学院奥运火炬设计方案"颂"(下图为细部暗刻祥云纹样)

如果能够得到各位的厚爱，把最终的选择奖励给我们的话，我们一定不辜负大家的希望，我们全力做好火炬的制造支持以及随后的保障工作，能够把我们的祥云设计理念传递到世界各地，把中国古老文明传播到世界各地，也把正在崛起的中国企业的新形象、我们的设计创新能力、我们的品质保障能力、我们的高科技的内涵展示在全世界人民的面前。"奥运搭台，经济唱戏"，这对于中国企业，应该是一个千载难逢的机会，希望各位领导能够给予考虑。[4]

这样直白的拉票，加上联想集团作为北京奥运火炬接力赞助商的特殊身份，更让我坚信了自己的猜想。

2008年的一天，我无意中在CCTV5"奥运档案"的专题节目中看到了北京奥运火炬评审会的现场实录。其中参评专家之一，雅典奥运形象设计总监西奥多拉·玛莎里斯·金德尔女士的一段话引起我的关注：

我得说我最喜欢的方案有两个，理性的选择是联想的"祥云"火炬，它是一支漂亮的火炬，每个人都能看出这一点，而且它与中国传统文化、与北京奥运会的理念有紧密的联系；而感性的选择则是"颂"，它有很浓烈的中国特色，我不得不说我非常想把它带回家，把它放在我的书桌上，去寻找蕴藏在它背后的历史故事。[5]

西奥多拉·玛莎里斯·金德尔女士是一位非常敏感而直率的设计师，她的这段感性的表述让我对自己以前的看法有所反思。

联想的"祥云"火炬，灵感源自中国的纸质卷轴，火炬上半部分是白底红色的祥云纹样，下半部分则为全红底色，火炬造型修长。也许是与一开始的灵感有关，纸所特有的轻飘的特征，再加上繁复细碎的云纹图案，强化了本有的单薄意象，这就是虽然"祥云"火炬很长，分量也适中，看上去却始终很轻的原因。但从后来的电视转播画面来看，这支窄长、弯曲的红色火炬却显得特征明确，色彩鲜艳，特别是火炬上的云纹非常清晰，在各种场合都醒目突出，的确符合大众传播所要求的清晰度与美誉度。也许从品位上讲，我至今仍然认为"颂"要比"祥云"火炬高一层次，但就大众传播的需求而言，大众需要的是一支能够远距离一眼看清的漂亮的火炬，毕竟绝大部分观众只能通过电视画面观看奥运火炬，而不可能到接力现场近距离观看火炬，更不可能像火炬手那样将火炬拿在手上仔细端详、欣赏火炬的设计细节。在这次会议上，北京奥组委执委会委员刘鹏对其选择"祥云"火炬的理由的阐释，为我这一"事后诸葛亮"的思考提供了一个有力的佐证：

因为从火炬宣传的效果、影响的角度讲，首先是大众的第一印象，他不是去看它的细节怎么样，而是一下就看整体印象怎么样。[6]

而我们的"颂"火炬设计从一开始就把心思放在追求含蓄、内敛的美学趣味与空灵的哲学意味，结果是，其微妙的曲线、优雅的刻花、含蓄的质感均需要在一个咫尺之距方能体会其中的美妙与趣味。对这样一支火炬的真正理解，甚至需要以亲手触摸的方式才能真切地感知，因为"把玩"这一传统文人趣味也被我们视为火炬设计的一个指导原则。更有意思的是，在第一轮方案提报时，它的颜色居然是黑色的，显然没有一个中国人能够接受在北京奥运火炬接力这样一个喜庆祥和、大众狂欢的场景中，火炬手手持一支黑色火炬去巡游世界，传递中国人民的和谐祝福与奥林匹克精神。稍微理性地想一下，也许谁都明白，北京奥运的火炬必须是红色的，但鬼使神差，我们真的就提报了一支黑色的火炬，加上其形状上阔下窄，握在手中有很好的手感，很多人试了之后都感觉像一根很合手的棒子。之后我们醒悟过来，在第二轮提报时改成红色，但"黑色时期"留下的凶悍意象已很难去除。特别是当它与其他备选方案并置在一起时，"颂"具有一种离群索居的冷漠意象，这种与热闹友善的奥运气氛相去甚远的孤高禅意，是几乎稍微敏感点的人都能感觉到的。在最后的火炬终审会上，一位领导说，"那个埙，我第一个就把它否了。"[7]

西奥多拉·玛莎里斯·金德尔女士说："我不得不说我非常想把它带回家，把它放在我的书桌上，去寻找蕴藏在它背后的历史故事。"把火炬"颂"放在书桌上意味着一种私密的、近距离的欣赏，这段话捕捉到我们原创的核心，但同时也暴露了其中致命的缺陷。残奥会导演张继刚这样评价"颂"："这是一让人难以割舍的火炬。"但"颂"就像一具优雅低调的中国古琴，可以让人独自弹拨、抒发胸臆，却不适合呈现在一个过于热闹的大众舞台上。

"颂"的名称源自《诗经》"风雅颂"，"风"是从周南、召南、邶、鄘、卫、王、郑、齐、魏、唐、秦、陈、桧、曹、豳等地区采集上来的土风民谣；"雅"为西周王畿的正声雅乐；"颂"则是宗庙祭祀的舞曲歌辞，是祭祀礼乐，用以赞颂神明、祖先的功德。这个火炬名称的刻意选择，不仅昭示了设计者强化其国家礼器的动机，某种意义上讲也暗示了其远离世俗的趣味与追求。在中央美术学院设计团队的潜意识中，格调与趣味一直是最重要的东西。

在这档节目的最后，主持人说："中央美术学院的云纹情结，大概与他们为北京奥组委设计的核心图形'祥云'有关，在奖牌设计上中央美术学院曾经想沿用云纹，但在火炬设计上让云纹发扬光大的不是中央美术学院，而是联想集团。"[8] 显然，即使是制作节目的央视编导也没从画面上看清我们在火炬"颂"的表面上精心镌刻的云纹图案。无独有偶，在奖牌设计上，我们也曾在玉上浅刻祥云，但最终的方案除去了"祥云"，以"无纹"为玉的品质的最高追求。在"颂"火炬设计上虽保留"祥云"，却同样是以浅刻的方式刻意

图3-03，中央美术学院奥运奖牌设计方案"佩玉"上面线刻的"祥云""长城"纹样

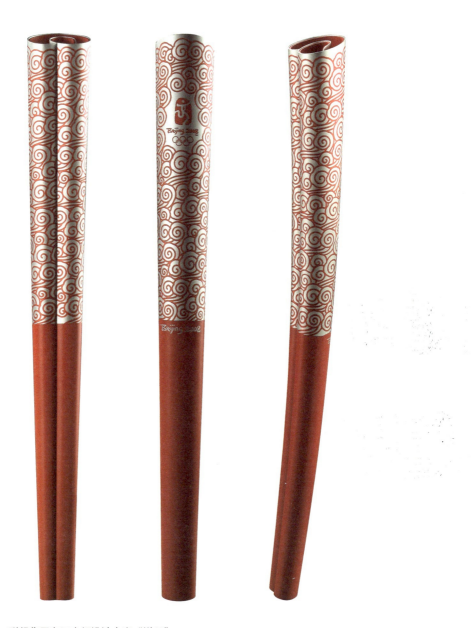

图 3-04,联想集团奥运火炬设计方案"祥云"

低调处理，这显然不只是"祥云"运用的简单技术问题，而是一个在重大国家形象设计中的美学取向问题，火炬"颂"的意外落败促使我对在整个北京奥运形象设计过程中的中央美术学院设计团队的美学取向进行必要的反思。

云的色彩

2005年8月，"祥云"方案经北京奥组委执行委员会批准，被确定为北京奥运核心图形的最终方案。2006年2月，中央美术学院奥运中心承担起"祥云"核心图形的修改、色彩运用以及图形切割运用等工作。在这些工作中，最艰难的是"祥云"核心图形的色彩调试，在分析"祥云"核心图形的色彩设计之前，有必要回顾一下北京奥运色彩系统的设计开发。

北京奥运色彩系统设计始自2004年3月，2004年6月《北京2008年奥林匹克运动会色彩使用指南》正式出版。与雅典奥运类似，北京奥运的色彩灵感来源于北京的地理与人文色彩意象，在经过反复调查、论证及设计之后，北京奥运的基本色彩被定义为中国红、琉璃黄、青花蓝、国槐绿、长城灰、玉脂白等。在这一过程中，围绕着什么是北京奥运色彩系统的主色曾引发争议：有人说应该是黄色，因为黄色是五行之中土的正色，而中国人又是黄色人种，中国有黄河、黄土地等；有人认为应该是红色，因为红色是最典型的中国国家庆典与世俗喜事的主要色彩，为普通百姓所喜闻乐见；也有人说干脆选用红黄两色，因为这是最具传统特点的中国色彩，也是国旗与国徽的主要色彩；还有人说北京奥运是在盛夏举办，用红黄做主色太热，应该用绿色，这是大自然的色彩，也是绿色奥运的象征……

什么才是北京奥运的主色？哪一种颜色能代表北京或成为中国的象征？色彩问题再一次上升到意识形态的高度并与历史相连接。古代中国的色彩问题从一开始就与饮食男女、社会等级、民族、宗教、哲学等联系在一起，最典型的如五行与五色的对应关系，任何简单的抽离都无法摆脱既有的复杂结构与关系。然而对色彩的梳理与选择又必须是在一个当下国际政治的语境中进行，如红色成为主色的决策担忧是，是否会有文革"红海洋"的视觉联想？进而担忧是否会引发国际社会对当下中国政治态度的某些猜测。最后，北京奥组委决定将主色问题搁置不提，这一回避问题的做法非但没有解决争议，反而使得后期北京奥运的色彩运用陷入彷徨。由于没有明确的主色，所以北京奥运色彩一直是五颜六色齐上，而没有一个统一、鲜明的调性。可以说，北京奥运的色彩记忆是模糊的、缺乏张力的。我个人认为主色的缺失是北京奥运整体形象景观缺乏视觉张力的关键因素之一，正是在前期对主色问题含糊其辞，没有鲜明的色彩导向与定义，在后期景观实施时，则造成整体色彩主调的缺失。什么颜色都有，就等于没有颜色。再加上部分奥运形象元素设计团队，如奥运及残奥吉祥物设计团队均独立开发出自己的色彩系统，将这一五颜六色的混乱局面推向高潮。而反观往届成功的奥运会色彩设计，都是以一个鲜明的色彩调性为主调，辅以相关的辅助色彩，形成色彩系统：1972年慕尼黑奥运会以中饱和度的浅蓝色作为主调，具有同样色度的绿色配以白色和银色作为辅助色彩；2004年雅典奥运会则以蓝色与黄色为主调，辅之以红色、绿色及灰色等，象征着地中海所特有的阳光与海水的黄蓝对比，明晰而强烈，成为人们对雅典奥运最深刻的视觉记忆之一。

需要说明的是，北京奥运色彩开发初期，在对北京地域性色彩的实地调查中，小组成员对中国丝绸、琉璃等物品所特有的质感与光效发生兴趣，并尝试以一种具有光效的样式来呈现北京的色彩。这一灵感与尝试最终被发展成为北京奥运色彩三维色的概念，简单说来，就是以渐变色彩的方式来丰富北京奥运的色彩表情。

这种对多层次色彩渐变的着迷与追求，最终在我们处理"祥云"核心图形色彩时达到极致，具体的方法是将两层"祥云"图形进行前后透叠，背景色彩采用渐变手法。2006年2月又在核心图形里加入丝绸肌理，以再次增强图形的质感。2006年7月，在国际奥委会形象设计总监布劳德·科普兰德（Brad Coopeland）的坚持下，"祥云"核心图形又从单色渐变进化成双色渐变。要说明北京核心图形色彩系统的复杂性，有必要与往届奥运核心图形色彩及其运用进行一个简单比较。

雅典奥运核心图形"Panorama"是一个全色图形，以黄蓝为主色调，集中了雅典奥运色彩系统中的所有典型色彩，所有图形的切割运用都源自这一全色图形；而都灵冬奥会核心图形"Piazza"也是全色图形，运用时根据需要分成冷暖两种色系（分别以"day"和"night"命名），但同样是在一个全色图形上切割。所以在切割不同比例图形单元时，雅典与都灵均只需切

图 3-05，北京奥运色彩系统

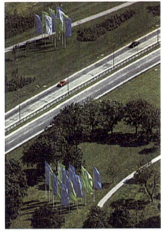

图 3-06，1972 年慕尼黑奥运会色彩

 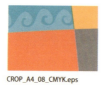 

图 3-07，雅典奥运会核心图形"Panorama"及切割运用示意

图 3-08，都灵冬奥会核心图形"Piazza"及切割运用示意

割一个全色图形，即可满足全部运用需求，易操作、易管理。

而北京奥运"祥云"核心图形的色彩，也曾试图制作单一的全色图形，但效果极差，遂被放弃，于是图形采用单色方式，单色系统分为五种，分别是红、黄、蓝、绿、灰，运用时需要切割五个单色图形。无论是切割不同比例图形单元，还是对不同色彩的图形单元进行组合，都极为复杂。2006年7月，布劳德·科普兰德在北京指导"祥云"核心图形设计工作期间，又提出加入双色系统，建立以双色渐变为主、单色为辅的核心图形色彩系统。

以下是"祥云"核心图形的色彩构成体系：

一，单色系统图形分为五种：

中国红、琉璃黄、青花蓝、国槐绿、长城灰。

二，双色系统图形具体分为六种（最后实施时，北京奥组委内部设计团队将之进一步发展成为三色系统）：

红—黄、黄—红、蓝—绿、绿—蓝、黄—绿、绿—黄。

三，常见切割比列分为十五种：

1：1，1：2，1：4，1：6，1：8，2：3，2：5，2：7，3：5，3：7，4：3，4：7，4：9，7：6，16：10。

四、每种切割比列的图形样式在两到四个之间。

将这些单元按各种需求排列组合，并与主徽、口号、体育图标、吉祥物等元素相关联，将是一个惊人的复杂数列。可见单色、双色图形系统并置的做法，无疑将已很复杂的图形系统的设计、管理以及运用难度推向极致。2006年8月，核心图形在原有基础上增加了飞白渐变的处理手法，持续狂热地做加法，成为"祥云"核心图形创作的典型特征，每一次试图解决既有问题的手法都将问题更加复杂化。

可以想象，这种多层透叠、附加肌理、双色渐变、飞白处理等手法的叠加，必然造成色彩纯度的下降，最终出来的颜色要想保持中国红、琉璃黄、青花蓝等原有的色彩特征，同时又有足够的明度反差以保证"祥云"图形能被清晰识别，将是一件多么艰难的事情。特别是双色系统的引入，在红到黄、蓝到绿、绿到黄的渐变过程中，由于图形多层透叠、附加丝绸肌理，要想保持色彩的纯度，避免色彩变"脏"，几乎是一个难以完成的工作。

同时出现的另一个难题则与运用技术有关，我们发现一旦色彩矢量化就

图 3-09，北京奥运核心图形"祥云"修改过程图

图 3-10，中央美术学院团队设计的北京奥运核心图形"祥云"色彩

很难保持原有的色彩品质，而色彩矢量化对于大规模图形喷绘等景观材料制作工作至为重要，它不仅能够提高图像输入输出的效率，同时能以标准化数据控制色彩管理，使得最终出现在各种介质上的图形色彩保持一致，这一点正是奥运整体形象景观一体化的关键。

然而直到最后，我们提交给北京奥组委的最终核心图形制作文件依然是非矢量的，矢量化的颜色在中央美术学院师生的眼中过于简单、轻飘，很难有真正的色彩质感，对简单的、非调和色彩的根深蒂固的轻视是这个学院的传统。

经过反复调试，最终的"祥云"核心图形色彩基本实现了我们对色彩质量的追求，但随之而来的问题是图形反差的减弱、"祥云"图形识别性的降低，特别是在远距离观看时，问题更为严重。在很长一段时间，我们的团队与北京奥组委文化活动部存在的最大分歧就是图形反差问题。奥运核心图形最主要的运用介质不是平面设计师经常面对的 A4 大小的纸面，而是户外大型幕布、旗帜、围栏等以及动态显示的电视画面，这些介质有一个共同特点，即无法再现纸面上微妙的色彩变化，特别是大尺度的户外喷绘介质，它们本来就是用于远距离观看的，在光线多变的户外环境中，只有体现出鲜明的色彩关系及清晰明了的图形层次，才能让行人在瞬间看到、记住设计师试图传递出去的信息。过于丰富与微妙的色彩在巨大的户外喷绘基材上非但没法实现，反而会将画面印糊、印脏，在电视画面上则更会变成不可名状的一团。所以，北京奥组委多次质疑我们的核心图形色彩设计，要求增大反差，将图形及色彩矢量化。

然而，为了达到理想中的色彩质量，我们一直顶着北京奥组委的巨大压力，做了大量的技术调试工作，并在各种材质上进行了无数次的打印测试。但图像的高反差与色彩的微妙关系是一对难以调和的矛盾，这一对眼睛与内心的持续煎熬过程达一年之久，直到 2007 年 3 月，我们将 KOP 工具包移交给北京奥组委文化活动部内部团队。坦率地说，图形的反差问题依然没有解决。在图形反差与色彩趣味之间，我们再次选择了趣味，回避了问题，但以实效为导向的北京奥组委显然不会就此妥协。

当我们将所有的核心图形文件移交给奥组委文化活动部景观处的内部团队后，奥组委决定全面修正核心图形色彩。这个主要由清华大学美术学院师

图 3-11,北京奥组委内部团队最终修改的核心图形色彩

生组成的内部设计团队立即重新调整核心图形色彩。首先,内部团队对整个核心图形系统进行矢量化,去除丝绸肌理层,最大限度地简化核心图形的色彩层次,同时强化双色渐变的纯度,并将双色渐变扩展到三色渐变,最终的色彩系统偏离了原有色彩的基本调性,但"祥云"图形反差的问题则得到彻底解决,无论是在户外还是通过电视镜头,人们都能清晰地识别出各种色彩的"祥云"核心图形。在奥运这样一个规模盛大的大众传播平台上,北京奥组委选择了通俗易懂的色彩、清晰明了的"祥云"。

在炎热浮躁、充满节日狂欢气氛的 2008 年的夏天,就一个个初次见到"祥云"核心图形的普通观众而言,无论他们来自世界的哪个角落、哪种文化,满世界五颜六色的"祥云"只能让他们感受到从未有过的一种视觉震撼、一种难以言表的新鲜与喜悦,而很少有人会去关注那蓝色究竟是青花蓝还是湖蓝,那黄色究竟是琉璃黄还是柠檬黄……任何一样东西,无论是造型还是色彩,只要数量积聚到非常态的宏大状态,人们的正常感受就会让位于由震撼而导致的盲从。"祥云"很快通过各种渠道蔓延到全世界,各种媒介、各种品牌、各色人等都以使用"祥云"图形为时尚,"祥云"毫无争议地成为2008年最典型的全球图像,成为所有人津津乐道的时尚话题。

在我写下以上文字时,电视正在转播2009年春节联欢晚会。电视镜头中的春晚,无论是背景画面,还是主持人、舞蹈者装束,全都五颜六色,颜色多得几乎让人分不清人与物、前与后。今年春晚也许是受到奥运开闭幕式的启发,整个舞台布置了无数屏幕,几乎成为一个由屏幕组成的巨型立体空间,但科技的运用丝毫没有改变一贯的春晚审美,相反,频繁变幻的光电图像让本已过度拥挤、喧嚣的舞台变得更加无法呼吸,作为中国最有影响力的电视节目,春晚的色彩品位让我意识到,真正让国人能享受到一个相对正常的色彩体验,也许还有很长的路要走。

但这并不能成为我们在核心图形色彩问题上落败的借口。在看似无法逾越的技术难题背后,不只是色彩的美学取向问题,更是在国家重大形象设计决策过程中,设计精英化倾向与大众传播实际需求之间存有的由来已久的鸿沟。

朦胧的凤

2006年5月,受北京奥组委火炬处的委托,我们开始设计火炬接力核心图形。火炬接力核心图形是北京2008年奥运会火炬接力重要的形象元素之一,它与火炬接力标志、色彩、口号等一起构成火炬接力形象景观的基础元素。这些视觉元素组合将应用于火炬接力景观设计,包括火炬接力制服、火炬接力车辆,以及火炬接力沿途各国、各省市自治区的城市景观设计,如旗帜、围栏、广告牌,等等。

北京2008年奥运会火炬接力核心图形是连接所有其他火炬接力形象元素的纽带,其设计原则要求与北京奥运整体形象景观协调一致,同时又能有所突破,具有火炬接力的自身特点。而这一"突破"的方向最终被定义为对奥运核心图形进行再设计。

在北京奥运核心图形的应用开发阶段,我们曾尝试在"祥云"核心图形中穿插其他图形或图片,以丰富核心图形的内涵与表现力,适应不同奥运环境的实际需要。在这一过程中,我们曾将传统纹样加入"祥云"图形之中。经过一段时间的分析与尝试,我将传统凤纹加入"祥云"核心图形,提出以

"凤穿祥云"作为火炬接力核心图形的主题并被北京奥组委执委会最终确认。在查阅了历代凤纹的资料后,最终选择了明崇祯御赐秦良玉蟒凤袍上面的凤纹。接下来的任务是,如何将祥云纹与凤纹巧妙地结合在一起。我们再次采用透叠的方式来处理凤与云之间的关系,可以想象,在原本就已非常复杂的"祥云"核心图形的基础上再加上全色的凤纹,调图难度极大,要想呈现微妙的色彩关系,就不可能保持足够的色彩反差;而没有足够的反差,图像的清晰度及力度就会受到影响,"祥云"核心图形的色彩梦魇再度发作。作为火炬接力形象景观的创意总监,我清楚地知道,北京奥运火炬接力核心图形主要的运用环境是户外与电视转播,再加上火炬接力车队、人群运动的动态性质、全球接力环境气候的复杂性,以及长达六个月的接力时间等因素,要求火炬接力图形及色彩能够最大限度地简单清晰,易表现、易制作,才能给全球观众以明确的印象与深刻记忆。然而,最终定稿的火炬接力核心图形就如同奥运核心图形一样,没法解决图形反差问题。微妙的色彩变化,哪怕是将"凤穿祥云"图形印在纸面上,每一次的打印效果都难以保持一致。一度我曾想将凤纹矢量化,但出来的色彩与原有的色彩质量相差甚远。虽然理性要求我倾向于矢量化的选择,强化图像反差,但本能却迫使我无法对色彩质量的下降进行妥协。在反差与趣味的两难选择上,我们再次选择了趣味。可见,"凤穿祥云"核心图形存有的视觉与技术缺陷是显而易见的,在多次调试未果的情况下,我们采用了变通方法,借用火炬接力标志上的火纹外轮廓形来强化"凤穿祥云"的图形特征与力度。这种从外围出发、回避核心问题的做法,显然无法解决凤纹不清晰的根本问题。

  2006 年 11 月,北京奥组委执委会最终确认了火炬制服设计,作为对各种因素的权衡与妥协,火炬制服上的"凤穿祥云"核心图形以一种虚实相间的朦胧状态呈现出来。北京奥运火炬手服装设计采用不对称的图形设计,只在身体的左侧有核心图形,图形面积只占身体的三分之一,狭小的面积使得凤纹图形更加难以识别。为了能让制服上的凤纹相对清晰,我们配合火炬制服团队对图形进行了多次调试,然而服装面料的肌理远比纸张粗糙,更难再现"凤穿祥云"复杂而多层次的色调变化。这一挑战现有面料印制技术的印制难题,让制服设计团队与制作机构吃尽苦头,在选择尝试现有的各种印制技术之后,最后的印制效果算是勉强过关。但从电视画面中观看火炬手服装,"凤穿祥云"图形依然模糊难辨,而凤纹边上的红色及灰色辅助曲线倒成为能够看清、容易记住的火炬图形的主要特征。

2007年,北京奥运"圣火号"飞机从雅典取圣火归来,飞抵北京首都国际机场,我作为特邀嘉宾参加央视的实况直播,当"圣火号"飞机缓缓下降到首都国际机场的停机坪时,转播机位给了"圣火号"飞机各个角度的特写镜头,我向主持人介绍说飞机上的"凤穿祥云"图形就是我们设计的,主持人看了半天没吭气。在切换到其他画面之后,她私下问我:"看了半天,我怎么找不到凤啊?"

"圣火号"机身上的"凤穿祥云"图案是我们所设计的尺度最大的火炬接力应用图形,在那样大的尺度上,主持人依然看不见凤纹在哪儿,那么在其他尺度、其他介质上的林林总总的"凤穿祥云"的视觉命运,就可想而知了。

凤,蕴含了连接古今、跨越中西、人类祈求和平永生的美好愿望,是中国传统和谐观的图形象征,是北京奥运火炬接力"和谐之旅"的最佳视觉体现。这是一个激动人心的图像,本该有一个激动人心的呈现与记忆,然而多

图 3-12,北京奥运"圣火号"飞机机身上的"凤穿祥云"核心图形

种因素导致"凤穿祥云"最终给世人留下一个恍兮惚兮的含混印象，让北京奥运火炬接力丢失了本应有的清晰、单纯、有力的视觉形象。

形意之争

2005年6月，北京奥组委成立奥运体育图标与核心图形联合创作小组，小组成员在京郊蓝月度假村进行为期一个月的封闭创作。7月20日，北京奥组委组织召开北京奥运体育图标专家评审会，我在这次会上代表设计小组做体育图标方案的设计陈述。当我陈述完我们创作的"篆书之美"方案后，中央美术学院的两位专家率先发言，两人均认为"篆书之美"体育图标的视觉质量和其视觉来源金文相比差距很大，间架结构、意趣均没有体现中国古代书法艺术的至高境界，需进行重大改进。而清华大学美术学院的马泉教授则提出不同看法，他认为体育图标的识别功能是第一位的，至于这套体育图标的篆书风格，只要有一定的篆书意趣就足够了，不能要求一套体育图标的造型达到古代金文所达到的艺术高度。

中央美术学院参与北京奥运体育图标的设计竞赛始于2005年3月初，由研究生王捷原创的"篆书之美"是我们创作的众多方案之一。在一开始，出于对金文所达到的艺术高度的尊崇与着迷，我们也曾将汉字的视觉质量放在首位。研究生袁丹试图用拓片上的金文笔画拼出35个体育图标，以期最大限度地保留金文特有的笔画特征。然而，经过无数次的尝试之后，我们意识到这是一个不可能完成的任务：

一，金文虽然遗存象形的特征，但与甲骨文等早期刻写文字相比，大部分文字已高度抽象化了，金文的美感与其特有的抽象结构密切相关，而这些抽象结构与现代奥运项目的动作特征相去甚远。

二，纵然我们可以从更早期的刻写文字，如甲骨文中找到更多的象形结构，但其结构与现代奥运项目的动作特征依然相去甚远。用现存的金文笔画或结构组合而成的图标很难准确再现单项体育的标准动作，而也就缺乏识别性。

三，试图将金文笔画简化、系统化成标准图形单元，来重构奥运项目标准动作的想法，短时间无法做到。纵然做到，其构成方式也与金文的间架结构迥异，做出来的图标也无法还原或达到金文本有的趣味。

图 3-13，"花样游泳"体育图标修改方案

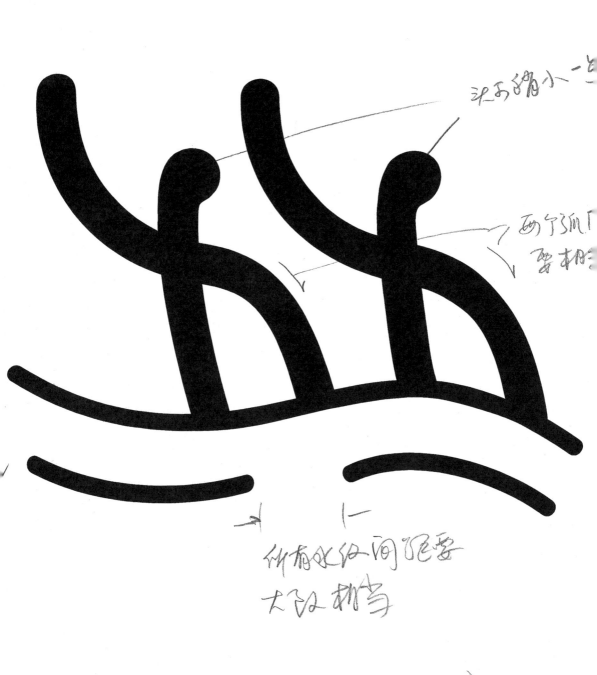

结论是,在图标识别功能与金文的艺术趣味之间,我们必须有所侧重,必须在每个单项动作的准确性、视觉的识别性与汉字意趣之间找到平衡。在这种平衡中,动作表现的准确性、易识别性应放在首位,更为重要的思考是,这套源自中国汉字的体育图标的意趣必须来自独特的结构设计,而不是对某种书体的简单模仿。以上的分析为"篆书之美"的设计划定了可为与不可为的边界。

2005年8月22日,"篆书之美"共计39个体育图标完成设计。2006年8月8日,"篆书之美"体育图标正式向全球发布。从"篆书之美"体育图标在奥运景观及指示系统中的运用效果来看,完全达到了预期目标,并见证了马泉教授观点的正确性,即以识别功能为第一考虑,同时兼顾汉字的意趣。

在长达三年多的奥运形象设计竞标过程中,我曾多次代表中央美术学院参加过各种类别、各种层次的专家评审会。北京奥运形象景观设计的评审专家主要来自中央美术学院与清华大学美术学院,来自中央美术学院的专家一般都是画家或美术批评家,而来自清华大学美术学院的主要是设计专家,特别是平面设计专家,这两类专家评审的出发点很不一样。

7月20日的体育图标评审会就是一个典型案例,中央美术学院的两位专家虽然出席的是一场现代平面设计的评审会,但其知识背景决定了他们习惯以评判艺术品的眼光与标准来衡量眼前的作品,借由古代金文的参照和北京奥运会的高标准要求,他们很容易发现"篆书之美"图标与古代金文在视觉质量方面存有的巨大差距。在金文作为一种圆熟典雅的文字艺术的高峰面前,"篆书之美"图标显得直露、单薄。然而,一个不可回避的事实是,历代书法家都曾试图用毛笔描写的方式再现金文的意趣与神韵,但这种描写从未达到金文本有的艺术高度,那么一套导向识别的图标设计怎可能达到这一高度呢?显然,要求"篆书之美"图标达到中国古代金文的艺术高度不仅是一个难以完成的任务,其本身就是一个错误的定位,单一地以金文视觉质量为参照,不会让"篆书之美"体育图标的设计评判得出任何理性的结论。非但如此,在某种拔高标准的过程中,更会将设计目标引向歧途。"篆书之美"作为以识别为主要功能的体育图标,对它的视觉质量的判断必须同时要有另一个参照系,这个参照就是图标设计最基本的功能目的——识别性。

马泉教授作为平面设计方面的专家,他的学术背景让他清醒地意识到,两位中央美术学院教授所谓要"继续进行重大修改"的地方，正是这套图标所不能为的地方。在图标识别性与图标文字意趣之间，必须做出理性、全方位的权衡。对于"篆书之美"图标而言，它最终的视觉质量取决于汉字的造字原理与当代图形设计原则的结合与再创作的水准，应该是古典趣味与功能性、现代性的有机统一，体育图标的设计突破应来自对中国传统造物理念的领悟与再设计，传统的现代实现需要在思维层面摆脱描摹的惯性，同时，一刻不离最终的设计功能目标。

也许在当代，艺术与设计的界限越来越模糊，但我相信这并不意味着所有的东西都可混为一谈，所有事情都可以跨界任意为之，高度功能性的重大设计依然需要对趣味与功能进行权衡。一味地以所谓艺术高度与视觉质量考量具体设计，或者干脆视艺术趣味为视觉质量的全部，追求纯粹形式上的最高、最好、最有品位的做法，在具体的实践中非但难以达到目标，往往还会迷失真正的设计方向与宗旨，在做"最好的设计"与做"适合的设计""有特点的设计"之间，我们的眼光目前还只停留在"最"字当头、躁动亢奋、争强斗狠的初级阶段，这也是整个北京奥运形象设计过程中的目标设定与美学追求的典型特征与历史局限。

"篆书之美"图标的表面形态往往容易让人觉得是汉字的趣味成就了一切，很少有人意识到这套图标的最终幸存源自正确的设计标准以及独特的结构设计方法。在认真研究每一个单项动作的特征的同时，深入解析汉字的构成规律，在具体的设计过程中以识别为基本导向，有选择地借用汉字造字的构形方式再现现代运动动作，经营图形整体结构，以外静内动、刚柔并济的传统美学观规划整体风格与气质，而不是在全然西式的图形结构上简单生硬地加以书法笔触的摹写与装饰。

"存乎中，方能形于外"，真正独特有力的形式源自内在结构的独特，这就是"篆书之美"图标成功的关键。

在整个奥运设计竞赛过程中，中央美术学院与清华大学美术学院一直是终极对手，但这并不妨碍双方教授出于职业素质与人格操守而对具体设计秉公而断。由于马泉教授的意见，"篆书之美"才没有沦入唯美的标准判断与错误导向，在历尽重重修改审核之后，成为最终的幸存者。"篆书之美"的幸存，再次说明正确的设计与美学标准对具体设计实践的重要意义。

图 3-14，毛公鼎拓片（西周晚期）

图 3-15，北京奥运体育图标"篆书之美"

第三章　幸存者的游戏　　第二节　趣味的背后——北京奥运形象设计的美学思考

图 3-16，身着北京奥运体育图标 T 恤的中央美术学院奥运艺术研究中心的设计师——左起：万力、吴颜、岳仕怡、王璐、胡小妹、王捷、袁晓宇、牛静、李平、李锐、薛梅

图 3-17，北京 2008 年奥运会海报

玉的品质

2006年5月22日,我们向北京奥组委提报了奥运奖牌实物打样,在"金镶玉"奖牌上,我们以阴刻线的方式在玉璧上镌刻了"祥云"与"长城"图案。6月14日,在奥组委奖牌专家评审会上,钱绍武教授认为玉璧上最好不要刻纹样,什么都不刻,以体现玉本有的材质美感;无独有偶,靳尚谊教授则认为奖牌用玉没有必要强求色泽纹理一致,最好每块玉都有些色彩与纹理的变化与区别,这样色彩更丰富,每块玉也更显天然与特别。

在中国传统美学中,一直以顺物自然、厚质无文为最高境界,所谓"朴素而天下莫能与之争美"。在具体造物行为与生活实践中,则以"宁朴无巧""宁俭无俗"为尚。删繁去奢,见素抱朴,顺应自然本有的天性,显现自然本有的美感,是工匠与艺术家的共同追求。具体到玉的欣赏,则是良材不雕,简约尚古,以无文为赏玉最高境界;具体到玉的制作则是追求量质就形、义重惜物。中国古代最有名的关于玉的故事是"和氏璧"的传说,楚人和氏献玉璞于武王、文王,均因为无人能识而招之刖足之刑。表面上这是一个"宝玉而题之以石,贞士而名之以诳"的悲惨故事,但在我看来,这个故事还有另一层隐喻:真正能发现、读懂玉未经雕琢的内在美感的人,是很少的。

在奖牌用玉问题上,一方面由于天然玉料难以做到色泽纹理高度一致,这样势必造成每块奖牌所嵌玉质有所差异的问题。在西式的思维中,每块奖牌应该是由同样的材料、同样的分量与品质构成,才能体现出对每个获奖运动员的平等与公正。另一方面也是出于对玉石易碎的担忧,国际奥委会曾提出可否用合成材料替代天然玉料?但我们坚持"金镶玉"奖牌要使用天然玉料,理由是,天然材料区别于人工合成材料的重要特征之一就是差异性,哪怕是同一块玉料上切割下来的玉环也会存有色泽与纹理的差别,而正是这种差异性让每一块"金镶玉"奖牌都各不相同、独一无二,它象征着每个获奖的运动员都是特别的、独一无二的;此外,获奖运动员只有触摸到真正的中国玉石,才能真切感受到玉的材质美感与人文内涵。如果北京奥运奖牌采用天然玉料,就应该一反奥运奖牌制作常见的千人一面的工业化标准,将玉环与玉环之间存有的天然材料所特有的色差与纹理变化,毫不掩饰地显现出来,这无疑体现出一种更高的美学境界与精神内涵。这一想法最终获得国际奥委会的理解与认可。

但设计团队的这些重要思考在奖牌的最终制作过程中，没有得到重视。在一切要最高、最好的"最"字当头的北京奥运设计审核机制下，奖牌用玉的标准也不能例外。由北京奥组委官员、玉石专家、设计团队代表等组成的北京奥运奖牌用玉制作审核委员会，不仅对奖牌用玉的制作精度提出空前的要求，更为重要的是对奖牌用玉，特别是金牌所用白玉的白度、纹理、瑕疵等制定了近于苛刻的标准。规定要求所有金牌白玉的等级要一样，白度要均匀一致，不能偏黄偏灰；质地要细腻，肉眼见不到颗粒；没有裂隙、蚀斑、白斑、石线、石纹、水线纹，等等。

白玉玉环厚度只有 3 毫米，较之青白玉与青玉，透明度较高，玉中的石纹、裂隙易见，而北京奥运奖牌用玉最终选定青海玉，其最大特点是透，特别是白玉，打磨后玉质偏干，易现水线纹，即使选取最纯最白的部分，依然摆脱不了浅透明带水线纹的毛病。而一旦透明，就容易将玉环后面及周边的缓冲材料暴露出来，所以只能尽量找不透明的白玉料。在这一标准下，玉料赞助商与制作人员均承受了巨大压力。首先是奖牌青海玉赞助商，由于白玉标准中对白度、透明度、瑕疵的严格规定，只有优中选优才能合乎标准，这使玉料的损耗空前加大，而此时由于奥运奖牌用玉的商业效应，全国玉价飞涨；在制作方面，由于奖牌用玉制作精度的工艺要求高，在青海难以实现，遂将奖牌用玉的制作转至扬州。这一系列始料未及的状况让赞助商成本大大增加，而审核专家出于高度的责任感，对每一块奖牌用玉进行严格审核，不符合标准的一律淘汰，遂造成赞助商与审核专家的矛盾，其结果是制玉周期的一再延误和最终制作成本的大幅度攀升，更为严重的是，之后的残奥奖牌用玉一时间无法落实。[9]

中国古代制玉的原则一直讲求相物赋形，因材施艺，在尊重材料与材料的平等对话的过程中获得启示，根据玉料材性制作特定玉件，让玉材最大限度地物尽其用、妙法自然。可以说，珍惜资源、善待材料的原则一直贯穿于几千年的中国工艺历史，最终上升为慎术与节用的造物观与道德观。是要求所有玉环白度质地均匀一致，几无瑕疵，如同人造物一般整齐划一，还是顺应玉料特性，让每一枚玉环保持各自的色彩及纹理特点？在一切要求最好、最高的奥运设计实施标准的惯性下，玉质的美学问题最终转化为设计制作的标准问题。最终的结果是，以千人一面的工业标准为制作原则，以大量玉料损耗为代价，制作完成奥运及残奥奖牌用玉环共计六千多枚，其中两千多枚为金牌用白玉，白度均一，质地细润，放眼望去几无差异，这是一种前所未有的制作规模与视觉震撼。北京奥运奖牌成为奥运史上造价最昂贵的奖牌。

在北京故宫有一件名为"桐荫仕女图"的著名玉雕作品，与一般概念的著名玉雕作品常有的美玉良工不同，这件作品的材料是一块玉璞弃料。乾隆三十八年（1773），来自苏州的琢玉高手在皇家作坊见到制玉碗剩下的一块和田玉玉璞弃料，心生怜惜，遂借用切割碗料时留下的圆洞设计成"桐荫仕女图"：圆洞制成圆月形门洞，左右扉门二扇；白玉琢成两位仕女，执灵芝，捧宝瓶，两厢顾盼；玉璞皮色，琢成桐木蕉叶，匠心独运，浑然天成。乾隆皇帝感于工匠的巧思与惜物，题诗曰："相材取碗料，就质琢图形。剩水残山境，桐檐蕉轴庭。女郎相顾问，匠氏运心灵。义重无弃物，赢他泣楚廷。"[10] 在乾隆皇帝看来，惜物是义重的表现，是与恣意妄为、暴殄天物等愚知恶行相对立的良知与善举，技进乎道，无论是贵为天子的皇帝，还是一介布衣，在这一层面上是可以共通的。在对工匠巧思妙作的夸赞背后，折射的是对体宜因借、惜物节用等传统造物观、道德观的认同。回到奖牌用玉的问题上，体现玉的珍贵与最高品质，在我看来并不在于最白、最润等高规格的理化指标或特征，以及随之而来的令人炫目的与昂贵、稀缺相关的世俗视觉体验与心理满足，而在于一块玉所映射出的自然与一个独立人格相统一的独特品质与内在体验。孔子早在两千五百多年前与子贡的一次对话中，就曾清晰地阐释过这个观念：

子贡问于孔子曰："敢问君子贵玉而贱珉者何也。为玉之寡而珉之多与？"孔子曰："非为珉之多，故贱之也，玉之寡，故贵之也。夫昔者君子比德于玉焉。温润而泽，仁也；缜密以栗，知也；廉而不刿，义也；垂之如队，礼也；叩之其声清越以长，其终诎然，乐也；瑕不掩瑜，瑜不掩瑕，忠也；孚尹旁达，信也；气如白虹，天也；精神见于山川，地也；圭璋特达，德也。天下莫不贵者，道也，《诗》云："言念君子，温其如玉。故君子贵之也。"[11]

建国初期，围绕着中华人民共和国国徽的图案问题，究竟是选用体现精英阶层趣味的玉璧，还是普通民众易于理解的天安门？中央美术学院与清华大学做出了各自的选择，人民政府也给出了最终的选择。从1949年清华大学梁思成团队提出玉璧用于国徽设计，到玉璧用于北京奥运奖牌设计，近60年光阴已逝，在这一漫长的岁月流逝过程中，中国已发生了翻天覆地的变化，国家实力及国民素质的提升，为中国设计、中国概念、中国美学提供了更多的机会，但设计的精英化倾向与普通大众实际需求之间的矛盾一直存在。奥运"祥云"的色彩问题，在我看来，就是这一矛盾的典型显现。以中央美术学院团队的艺术品位，奥运"祥云"色彩本该有一个不俗的表现，遗憾的是由于在重大国家公共形象工程上的经验不足，加上团队惯有的精英主义骄傲与固执，最终让北京奥组委失去了耐心。在后期执行阶段，团队基本失去对"祥云"色彩调性的控制能力，最终的奥运"祥云"色彩的水准与中央美术学院无关，又与中央美术学院有关。

奥运火炬接力"凤穿祥云"核心图形作为"祥云"核心图形的再设计项目，中央美术学院团队依然延续早期"祥云"色彩的设计惯性，这一基本实现中央美术学院色彩理想的色彩设计，最终的户外呈现及电视转播效果却差强人意，纸面效果与最终的实施效果之间的显著差异，一览无遗地暴露出中央美术学院设计团队的年轻与稚嫩。以"为中国造型"、设计国家形象为自我使命的中央美术学院设计学院，显然还有很长的路要走。

北京奥运体育图标的"形意之争"与"金镶玉"奖牌用玉标准之争说明，在学术语境中，审美取向也许可以是无关宏旨、高度个人化的趣味问题，但就北京奥运形象设计决策而言，审美取向不仅会影响具体项目的设计方向，决定单体设计项目的生死，甚至会在宏观层面影响设计决策，左右设计标准，而标准的制定关乎人力物力的使用方式与效率，并对最终的视觉形象的呈现及传播效应产生重大影响。审美取向是影响奥运形象设计视觉质量的重要因素之一。北京奥运形象设计实践让我们见识到审美取向在国家重大公共决策中的位置与作用，设计国家形象是国家品牌战略的重要方式，肩负使命的中国艺术家与设计师需要更加广阔的胸怀与更可靠的专业素质。

第二节 注释

1. （西汉）司马迁：《史记》卷二十四·乐书第二。
2. （西汉）戴圣：《礼记》乐记第十九。
3. （春秋）孔丘：《论语》泰伯第八。
4. CCTV5"奥运档案"的专题片。
5. 同上。
6. 同上。
7. 同上。
8. 同上。
9. 值得提一笔的是，在残奥奖牌用玉无法落实的关键时刻，北京工美集团以确保奥运项目顺利完成为企业责任与道德良知，动用一切资源，出动专业人员，寻玉足迹遍及全国。在玉原石价格飞涨的不利情势下，运用专业智慧与辛勤劳作，群策群力，在短短三个月的时间里圆满制作完成残奥奖牌用玉三千多枚。但出于预设的奖牌赞助规则，最终工美集团不得署名官方赞助企业，算是彻底奉献！在工美集团向北京奥组委捐赠残奥奖牌用玉的仪式上，工美集团特别制作了一部为奥运寻玉、制玉的回顾影片，当片尾出现"无名英雄"四个大字时，许多在场的工美员工都默默地流下热泪。
10. （清）《桐荫仕女图玉山子》，故宫博物院藏。
11. （西汉）戴圣：《礼记》"聘义"第四十八。

图 3-18. 北京奥运体育图标设计

第三节　谁主沉浮——北京奥运形象设计评审体系

北京的方式

为了保证北京奥运形象设计的专业水准，并达到国家形象设计的政策目标，北京奥组委在借鉴往届奥运会设计评审经验的基础上，结合北京的实际情况，建立了严谨的、自下而上、层层审核的设计评审机制。北京奥运形象设计评审作为国家重大公共项目决策，不可避免地让形象设计这一视觉设计领域的专业评审，演变成重大公共项目所特有的，与政策目标、政治主题、公共事务相联系的综合性专业审核。这种以设计、社会、文化和政治等要素结合为框架，全方位审核设计方案的政策高度、艺术价值、国际影响等，是北京奥运形象设计评审的重要特征，因为奥运形象关乎国家形象、政治影响与舆论安全，是"安全奥运"的重要组成部分。本节将从设计审核流程、主要审核环节以及审核标准及执行等方面予以阐释。

北京奥运形象设计评审流程基本遵循北京奥组委奥运常规方案审核流程，即职能部门在制定初步方案后，报奥组委主管执行副主席审批，通过后，再报负责日常事务的执行副主席审阅。如领导批示则要提交会议审议，以下是会议审批程序：

一，提交专题会议审议，以讨论方案为主，原则上不做决策，进一步修改完善方案。

二，方案修改后，提交奥组委主席办公会审议。主席办公会每周一次。

三，如主席办公会审议通过，则根据会议意见决定是否提交奥组委执委会审议；如需要修改，则部门在修改后，再次提交主席办公会进行审议，直到审议通过。

四，方案通过主席办公会后，提交奥组委执委会审议，通过后方案可实施。如执委会提出颠覆性修改意见，则需要重新修改后再次提交执委会审议。执委会每两周一次。

五，要以会议纪要作为方案实施的合法依据。

六，执委会通过的设计方案被视为终审方案，根据需要，部分重点形象设计项目需上报国际奥委会批复。

重要的奥运形象设计方案在进入常规审批流程之前，需先经过一次或多次设计方案提案会与专家评审会，在筛选出若干优秀方案之后，再进入常规审核流程。在此期间，如有需要，设计方案会提报BOB、国际单项体育联合会等相关转播机构或体育国际组织确认。对于最重要的奥运形象元素的设计审核，专题会议的讨论与评议是必要的，这是进入主席办公会决议前综合各方意见的重要评审环节。

就流程设计而言，常规方案审批流程在面对设计项目审核时存在的主要问题是，一旦遇到执委会对某一设计项目提出颠覆性意见，就需要在极短的时间里进行重大设计修改，甚至是重做设计并再次上报，但执委会的办公会周期是半月一次，会议议题需提前申报与确认，要等到下一次会议，有时就会造成该项目设计进度的延误。根据国际奥委会奥运项目进度评价工具"Master Plan"，会得到负面评定，从而给项目主管部门、设计团队以及外协单位造成巨大压力。具体对策是，如有特需，可临时加开一次或多次主席专题会进行特需设计项目的审批。

就需求而言，北京奥运形象设计项目分为内部需求与外部需求两类，对口部门均是北京奥组委文化活动部形象景观处。

内部需求又分为景观处直接负责的形象景观设计项目，如奥运会徽设计、吉祥物设计、体育图标设计、二级图标设计、核心图形设计以及KOP工具包设计等，奥组委其他职能部门对形象景观设计的需求，如门票、注册卡、颁奖礼仪、指示系统等虽由其他部门负责，但也列入形象景观的组成部分，则由相关主管部门提出设计需求，形象景观处提供设计服务。

外部需求涉及城市景观管理部门、电视转播商、奥运合作伙伴、赞助商及奥运特许商等，他们均需要正确使用奥运形象元素，形象景观处有责任对外部奥运形象景观使用需求进行规范与审核管理。本节有关北京奥运形象设计评审机制的论述范围限于奥运主要形象元素及规范的设计评审，不涉及后期的设计实施工程及运营管理审核机制的研究。

现简述一下北京奥运形象设计评审程序的几个重要环节：

一、设计提案会

设计提案会由参与竞标的各个设计团队现场阐释设计方案，组织相关官员、专家及相关部门代表听取汇报。提案会有时安排在竞标初期，面对面的阐释有助于相关专家准确理解方案动机与设想；有时也会安排在终审阶段，目的是让决策层在最终决策之前进一步了解方案的内涵、专业性及可行性，特别是在几个方案无法取舍、决策层举棋不定之际，设计团队最终的设计阐释对于设计决策具有举足轻重的意义。

二、专家评审会

专家评审会是北京奥运形象设计专业性审核环节。无论是社会征集来的设计方案，还是定向委托的设计方案，最初的评选都是通过专家评审会，专家评审会的意义不仅在于初步淘汰大部分作品，挑选出少部分有质量、符合需求的作品，更为重要的是专家们的意见与倾向将成为最终执委会设计决策最重要的专业依据之一。

三、专题讨论会议

参加人员由北京奥组委形象设计具体需求部门及相关部门，如法律、审计、财务部门代表、文化活动部项目主管代表和设计团队代表等组成，如有需要，还会邀请相关行业专家、外协单位代表参加。主题讨论会旨在供需见面，进一步明确需求与工作目标，从政策导向、法律、需求、技术及实际运用等层面讨论、修改、深化现有设计方案。以奥运门票设计专题会为例，参会人员有北京奥组委票务中心代表、国际奥委会相关专家、制作部门代表、公安部门代表、防伪技术供应商代表、文化活动部专员、设计团队代表，等等。我们作为门票设计团队，在这次会议上提交了体育纪念票的设计方案，该方案根据 39 个单项体育项目分别设计了 39 种体育纪念票，旨在强化全套体育纪念票的艺术性与收藏价值。在会上该设计得到奥委会设计顾问的赞赏，但国际奥委会相关票务专家及北京奥组委票务中心却对此提出异议，建议只采用一种通用票样，理由是都灵冬奥会曾采用不同项目用不同票样的设计方案，表面看多样化，有艺术效果，但实际操作时，在门票分拣与寄发过程中造成工作量与差错率的剧增。协商的结果是从实际出发，遵从票务部门的意见，最终的北京奥运体育纪念票采用了单一票样形式。

四、主席办公会

参加人员为北京奥组委执行副主席、主管部门负责人、相关部门负责人。该会议是设计方案审核的决策阶段，由主管领导审核最终方案，并形成决策，方案一旦通过，即根据既定程序决定是否上报执委会审议。

五、BOB

BOB（北京奥林匹克转播有限公司）作为北京奥运会转播商，在奥运会赛时转播方面具有资深经验。在相关的奥运形象设计审核过程中，就图形、色彩及位置与转播机位、转播画面的关系等方面听取BOB的专业意见，有助于提升最终的形象景观转播效果。BOB对形象景观设计有建议权，无决策权。

六、国际单项体育联合会

各国际单项体育联合会从不干扰比赛、不干扰运动员发挥的角度出发，根据具体比赛项目的特点，对赛时FOP（比赛场地）范围内及体育器材上的形象景观设计提出建议。各国际单项体育联合会对形象景观设计有建议权，无决策权。

七、执委会

北京奥组委执行委员会是设计方案的终审机构，会议在听取执行副主席的汇报后，对设计方案进行终审评论，最后根据程序规定以投票的方式决定设计方案是否通过。执委会的工作重点是从国际奥委会工作目标出发，评议设计方案是否合乎政策要求、是否达到北京奥运设计应有的专业高度等。

八、国际奥委会

国际奥委会在程序上是所有举办城市奥运形象设计项目的终审机构，但这一层面的审核多是名义上的，只是履行程序而已，除非有严重干扰或损害奥林匹克品牌形象的问题，一般都会尊重举办城市的最终决议。

就以上各主要审核环节而言，专家评审会的功能偏重于设计的专业性、文化性；专题讨论会偏重于职能部门对需求与效用的论证、法务部门对设计合法性的确认；主席办公会是主管领导对设计方案集体审议并形成初步决议的重要环节；执委会是确认设计方案是否符合政策目标的终审平台；国际奥委会的审核重点是设计方案是否与奥林匹克品牌计划保持一致。

在我看来，所有层面的审核重点都是对特定设计标准的论证、认定与执行问题，因为设计质量的保证在于科学标准的设定、管理与落实，以及在整个实施过程中对所有实施细节的有效控制。北京奥运形象设计评审标准从北京奥运形象设计的基本定位出发，兼顾政策性与专业性，评审原则可以细化到以下指标：

安全性：是否合法，是否符合相关的国际、国内法规，是否在政治、宗教、民族、文化等方面存有歧义或负面意义。

专业性：是否达到较高专业高度或业界标准。

功能性：是否能满足相关功能需求，并符合绿色奥运的基本原则。

艺术性：是否有较高的艺术趣味。

民族性：是否有中国特色，是否体现出中国传统文化的精粹，具有典型性。

国际化：是否具有全球视野，具有现代风尚。

政策性：是否与政策目标一致并与奥林匹克精神相统一，能够代表当代中国国家形象。

以上指标在各层面的设计评审中均作为基本审核原则，侧重点各有不同，但对于具体设计方案而言，以上指标的有效平衡才是方案胜出的决定因素。在上述评审环节中，对于设计专业性评定影响最大的当属专家评审会。

权威与导向

北京奥运形象设计专家评审会的人员构成，一般由艺术设计院校教授、相关行业专家、著名设计师、艺术家、国际奥委会设计顾问、北京奥组委代表及相关赞助商代表等组成。其中人数占多数、对评审起到决定作用的是艺术设计院校教授，而不是职业设计师，这是北京奥运形象设计专业评审的一个重要特点。

评审专家意味着专业权威，权威通常被看成是一种合法的权力，与权力所特有的强制性不同，权威是通过令人信服的威信、影响、声誉产生作用。但在许多场合，权威和权力会结合在一起，相互作用、彼此强化，权威之权力作用更具有隐蔽性。

英国政治哲学家霍布斯认为，权威的出现是人类群居形式使然，"当一群人确实达成协议，并且每一个人都与每一个其他人订立信约，不论大多数人把代表全体的人格的权利授予任何个人或一群人组成的集体（即使之成为其代表者）时，赞成和反对的每一个人都将以同一方式对这人或这集体为了在自己之间过和平生活并防御外人的目的所作为的一切行为和裁断授权，就像是自己的行为和裁断一样。"[1] 在霍布斯看来，权威是群居的人们为了避免彼此的冲突与抵御外敌而将大众的权利授予某一个或某一群人。而在卢梭看来，通过社会契约的形式，个人把自己的那部分主权让渡给了自己的代表，即权威是把个人及相关的一切全都交给共同体的全面让渡，权威就成为公众权利或公意的代表。

权威既然是一种集体意志的主动体现，一般人就容易产生过度信任，甚至神话权威的倾向，似乎专家团队作为权威的集体符号，值得将群众的期望与利益全盘托付。但在权威外衣下依然是一个个鲜活而具体的人，设计评审过程中个体因素对集体决策的影响力不容忽视。

专业权威代表一种资历与影响力，由于拥有过人的资历与业界影响力，让某一专家成为某一专业领域的代表。就评审的具体实践而言，专家的眼光与经验非常重要，一双善于发现的眼睛，能够从作品的海洋中寻觅到特别的东西，而这特别的东西是否能够成长为理想中的果实，往往需要倚重专家的经验。经验是做出准确判断的要素之一。决策层最倚重专家的是他的眼光与经验，但过于看重经验，会让评审专家的构成自然而然地趋向老龄化，因为一般而言，年长与经验丰富似乎成正比，所以中国设计评审的级别往往与评委的年龄成正比。

另一方面，再深的资历也是局限于某一个具体专业领域的资历，专家们对奥运设计方案的质量判断取决于两个基本指标：一个是专业性指标；另一个则是与这个项目相关的政策指标。在那些与专业相关的指标上，专家们得心应手，容易判断，容易给出结论，但需要注意的是，专家的年龄差异常常会导致专业标准，特别是形式标准的认同差异；而在那些与政策目标相关又无具体指示的方面，专家同样面临是否能准确把握政策目标的问题。就这一点而言，专家团队与设计团队面临同样的考验，设计评审更像是对专家的现场考核。真正合格的专家团队必须在合乎政策目标与体现专业品质之间找到最具潜质的方案，并通过适宜的、富有启发性的建议帮助原创者将方案发扬光大。级别越高的设计评审越需要仰仗评委的胆识与使命感，才能摆脱基于安全性考虑而导致的中庸甚至是平庸选择。

但对说错话、指错道等的担忧，是不可避免的。这时，专家团队的集体形式有助于摆脱这种担忧，或者说有助于分担、分散这种担忧与风险。但群体的特性是松散，处于松散状态中的群体特征是等待，大家等待领导者给予明确的导向；如果没有共同的方向，群体就会处于停滞并时刻可能瓦解的状态之中。这一事实与一般想象中的很不一致，人们往往会认为专家团队与普通群众团体不同，他们见多识广，充满自信，专家评审会是一个各抒己见，最终通过集体决议达成共识的过程，但这种理想化的想象并不是事实。专家在普通群众中是特殊的权威，而在权威的团体中就变成了没有差别的群众，每位专家在提出自己意见的时候，都面临着诸多心理压力：自己的意见是否体现出与自己身份相符的专业素质？是否符合政策目标？是否会得到众人认可？是否会成为主流意见中的一个？这是一种与权力、声望同时相关的无形压力，其典型的呈现方式是缄默。这就是所有高级别评审会开始时总是一片寂静的原因。这时，对专业领袖的需要与呼唤迫在眉睫，而最终总会有一位专家（通常是德高望重的老先生）打破沉默，率先发表看法，如果接着有若干专家及时附和，评审的调性往往就此形成，松散而盲目的专家团队就如同找到头雁的雁群，瞬间恢复了秩序与活力，评审气氛随之热烈。

人都有从众的一面，这种由群羊效应引发的评审导向是所有高级别评审中的常见现象与事实，这就促使我们要充分重视个人偶发性的提议在评审机制中的作用与能量，并对其后果保持足够的警惕：头雁的判断并不总是正确的，在某种盲从的惯性下，会导致设计方向的误判，这样的例子并不少见。但在具体的反思过程中，人们往往会忽略设计决策过程中由于个人因素所导致的偶发性与随意性，而简单地视为集体的倾向与误判。这并不是说，专家团体中就没有出现对立观点的可能，但对主流意见提出不同的看法是需要足够的勇气与环境支持的。在大多数情况下，不同看法的提出往往采取含蓄的方式予以表达，但要想让你的观点得到足够的关注，必须明确表达不同意见，有时甚至要拉下脸来坚持，特别是在面对年龄、资历与声望都高于自己的年长评委。是尊长还是坚持专业性？如果其中再掺杂着防不胜防的评审背后的利益博弈，就会使得问题更加复杂，充满不确定性。基于个体从众的心理与尊长或尊大的传统所导致的决策导向的偶发性与不确定性，可以发生在任何级别的设计评审环节当中。这一不容乐观的趋势更由于政府项目中评审专家的老龄化特征而持续加重。

流行的观点是美术与设计的界限越来越模糊，跨界正成为双方均跃跃欲试的一种趋势，似乎两股力量正在合为一股。但事实是，设计背景与纯美术背景的专家看待设计的角度与观点还是有很大的区别。由于中国设计院校后起，之前纯美术院校较之设计院校数量多，在政府心目中威望高，社会影响力大，所以美术背景的专家往往占据更多的奥运形象设计的评审席位，数量加上权威性，这些专家的意见举足轻重，会对设计方向及最终选择产生重大的影响力。这两种专家的组合，是官方对审美与功能的兼顾，但具体的设计决策往往比预期的要复杂艰难得多，这其中如何读解、研判不同专家针锋相对或看似一致的最终意见，一直是政府重大设计项目决策的棘手问题。以下这个与国家标准、法规相关的设计评审案例可以说明多重标准、不同需求下的设计决策的复杂性。

标准之争

2006年3月14日，受北京奥组委委托，中央美术学院开始设计"北京2008年奥运指示系统通用设计"，由于指示标识有国家标准，所以通过北京奥组委的介绍，我们与中国标准化研究院标准化理论与战略研究所取得联系，商议奥运通用指示标识的设计问题，该所负责人坚持让我们直接使用"国标"中的指示标识，我们则认为"国标"指示标识风格不一致，设计水准不能满足奥运需要，希望能沿用"篆书之美"体育图标的设计风格，再设计通用指示标识，使之具有举办国文化特征，成为北京奥运形象景观的重要组成部分。

2006年9月4日，北京奥组委召开"北京奥运指示系统专家研讨会"，中国标准化研究院代表应邀出席了会议，在会上他们再次重申北京奥运指示标识必须沿用"国标"的建议。

2006年11月，北京奥运指示系统设计基本完成。我们根据"篆书之美"体育图标的风格，重新设计了两百余个通用指示标识，得到国际奥委会指示系统专家及形象景观设计顾问的高度评价。

2006年12月1日，国家标准化管理委员会、中国标准化研究院、全国图形符号标准化技术委员会联合致函北京奥组委法律部，质疑中央美术学院设计的奥运指示标识的合法性，要求北京奥运会带头遵守国家法规，采用国家标准指示标识。

图 3-19，北京奥运会指示系统图标设计

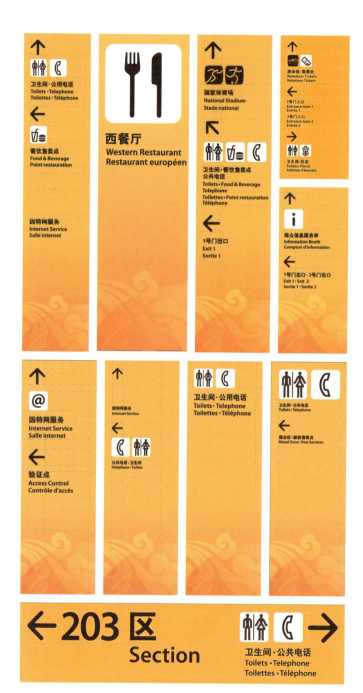

图 3-20，各类指示牌一览 1

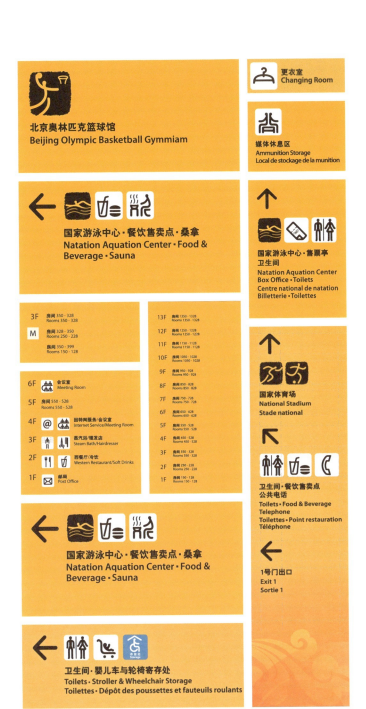

图 3-21，各类指示牌一览 2

景观处随即就这一突发情况上报北京奥组委主席，主席批示指示系统设计要遵守国家法律，强调了守法当先的决策态度。奥运指示系统设计是以最易识别、最具效率的指示信息设计来引导、控制人流循环系统及各类物流运输系统，对 2008 年北京奥运会的正常运转具有重要意义，在国际奥委会指示专家认可、国内标准部门质疑并干预的情况下，北京奥组委决定采用审慎调研、积极讨论的方式，以期能在北京奥运工作目标与中国国家标准之间找到统一的途径。

2006 年 12 月底，针对北京奥运指示标识风格化和标准化问题，北京奥组委召开奥运指示系统协调会议。北京奥组委文化活动部副部长、艺术总监、国内指示系统专家代表、中央美术学院设计团队代表、国家标准化管理委员会代表、中国标准化研究院代表、全国图形符号标准化技术委员会代表，以及中国民航、铁路等单位代表参加会议，在会上我代表设计单位对北京奥运会指示系统标识的设计做了说明：

为了使新设计的指示标识既能与体育图标风格一致，体现出中国文化特色，又能与中国现有的国家通用标识接轨，我们采取了以下三种原则进行新标识的设计：

一、新设计的功能性标识的构成元素基本采用"国标"元素，部分稍做调整，但整体风格与体育图标的篆书风格一致。

二、新设计的功能性标识中的人物造型采用与体育图标人物造型相似的篆书风格，这是新设计的指示标识整体风格与体育图标一致的关键。

三、考虑到道路交通指示的特殊性，道路交通指示标识的设计沿用"国标"。[2]

对重新设计指示图标的理由，主要从以下三方面予以阐释：

一、全球指示标识设计的多元化与国际潮流

奥运作为全球最大的体育盛会，考虑到参赛及参观人群的国别的多样性，其指示系统面临跨文化视觉传达的问题。在设计过程中，我们不仅参照国际通用标识和中国国家标准标识，也借鉴历届奥运会导视系统标识的成功经验，标准的概念应该是设计的原则，而不应僵化为千人一面的单一设计，在同一的标准与原则下,应该容许、倡导具体设计的多元化。

二、近年来奥运会指示系统的设计潮流

融入主办国的文化特征、强调设计风格与奥运整体形象一致,正成为奥运会指示系统设计的潮流。最典型的例子是,2004年希腊雅典奥运会的指示标识根据体育图标的设计风格进行再设计,沿用古希腊瓶画风格作为标识设计的视觉来源,不仅体现了古代奥林匹克的艺术传统,而且丰富了指示标识的表情,让指示系统设计风格与雅典奥运整体形象融合在一起,取得很好的效果。

三、国际奥委会形象景观专家对北京奥运会指示系统的评价

北京2008年奥运会指示系统设计工作于2006年3月启动,设计过程中,征询了包括中国国家标准委、奥组委交通部、场馆管理部,以及国际奥委会专家、国内外通用标识设计专家的意见,并在北京奥运会主要场馆做了大量的实地考察和测试工作。在2006年9月4日北京奥组委文化活动部举办的"北京2008年奥运会指示系统专家研讨会"上,我们设计的指示系统设计方案得到专家们的肯定与广泛好评。2006年11月,国际奥委会指派美国盐湖城奥运指示系统专家到北京,组织北京2008年奥运会指示系统设计方法培训。培训期间,专家们对中央美术学院奥运艺术研究中心做的北京奥运会指示系统设计方案给予了高度评价。国际奥委会设计顾问布劳德·科普兰德、希腊雅典奥运会设计总监西奥多拉·玛莎里斯·金德尔对方案也给予了高度的评价。[3]

我陈述完之后,中国标准化研究院代表随即发言,再次对我们不沿用"国标"指示标识进行批驳,并呼吁北京奥组委应该在北京奥运会期间,在全世界人民面前做遵守法律、严格执行国家标准的典范。而中国民航、铁路等单位的代表则以自己使用"国标"指示标识的实际效果,对"国标"标识的适应性与有效性予以肯定与赞扬。与会的清华大学美术学院教授陈汉民予以总结,他将这套标识定性为"合情不合法",表示在国家大法面前,再好的设计只要是没有遵照"国标"法规,都只能"忍痛割爱"。在一边倒的态势下,北京奥组委形象景观艺术总监王敏表示,如果国家标准中有明确规定指示系统中不采用"国标"标识就是违法,那么就放弃这套设计,改回"国

标"。国家标准委的代表解释说，指示标识在国家标准中分为强制标准与建议标准，应急、消防、道路交通等指示标识是强制标准，必须沿用，不得改动；而一般性功能标识则为建议标准，可用，也可不用。

会后的第二天，国家标准化研究院的领导邀请北京奥组委代表与中央美术学院设计团队前往国家标准化研究院，商讨北京奥运指示系统的设计问题。这种180度的转变，意味着国家标准化管理委员会、国家标准化研究院内部对于这一事件的态度发生了根本改变。经过协商，国家标准化研究院表示，中央美术学院的设计整体上没有大的问题，在奥运一般性功能标识设计参照"国标"指示标识基本构成元素的基础之上，同意设计方案。

商议结果迅速上报，在经过慎重考虑之后，北京奥组委最终决定，应急、消防、道路交通等指示标识沿用国家标准，一般性功能标识使用新设计的方案。一般性功能标识在我们设计的两百多个北京奥运指示标识中占了大多数，这就保证了最终的设计风格与体育图标一致，从而使得北京奥运指示系统的风格与奥运整体形象景观协调一致。

决策层从北京奥运形象景观的宏观目标出发，针对标准之争，以合法性为前提，以奥运会实际需求为导向，以专业性为根本，深入分析，谨慎取舍，巧妙平衡，帮助设计团队完满实现了国际奥委会关于指示系统设计与形象景观协调一致的战略目标。

作为北京奥运最重要的视觉设计项目之一——奥运指示系统设计肩负着引导人流与物流系统的重要任务，但同时又是奥运形象景观系统的重要组成部分，在这个兼具功能与形象双重使命的重要项目的设计标准的设定过程中，有国际奥委会关于指示系统设计的基本原则，有北京奥运会对指示系统设计的具体需求，有通用标识设计的一般专业标准，有通用指示标识的中国国家标准，而这其中又分为强制执行标准与建议执行标准。在设计过程中，由标准之争而产生的矛盾体现了国家标准部门对自己职权范围内的奥运事务的高度关注。

这一案例提示我们，在从事国家重大公共形象设计的过程中，特别是具有高度功能性的设计项目，要想保持高水准的设计质量，不仅要深入研究具体的设计及设计策略的可能性与适应性，同时要关注、熟悉相关的国家标准与法规，相信但不迷信权威部门。在任何社会形态中，没有绝对的制度或规范能够全然杜绝对职务权力的滥用。只有清醒地意识到这一潜在的事实，才能在面对问题或出现争议时有足够的思想与知识储备去应对与变通。

　　无数的案例证明，无论审核机制如何严密，决策层如何努力，最终的决策却总是不可避免地充满偶然性与随机性。在面对筛选后的最终信息时，无人能肯定这些经过层层处理、高度简化的信息一定与事实相符或具有典型性，并与最终的政策目标一致。何况有时，这类信息直到最后还相互对立，无法调和。北京奥运的实践证明，要在一个有限的时间里，面对有限的信息给出合乎现实、合乎政策目标的正确判断，取决于决策者的集体努力与智慧，更为重要的是排除一切干扰的决策的独立性。

终审的猜想与事实

　　虽然揣摩决策层的真实意图与偏好是所有设计团队不可避免的行为，但事实上，就北京奥运设计评审而言，决策层的意图与偏好最终还是来自对提报方案的实际感受与集体评判，而集体意志的体现则是终审独立性的重要前提。我相信这种依于集体决议的机制的独立性是确保北京奥运形象设计水准与政策高度的最后也是最重要的一道屏障。以下关于北京奥运火炬接力形象景观设计的评审，就充分说明执委会决议的独立性对于奥运形象景观设计决策具有的举足轻重的意义。

　　2007年7月，北京奥组委和中央美术学院签订单一采购定向委托设计合同——北京奥运会火炬接力形象景观系统设计。自此，火炬接力形象景观设计工作启动。

　　2007年8月到10月，我们陆续完成火炬珠峰景观设计、火炬接力景观运行车队设计、火炬接力证件及注册卡设计、火炬接力专机设计、火炬接力庆典仪式景观设计等。期间，方案的设计推进并不顺利。根据北京奥运形象景观统一性的基本设计原则，我们以北京奥运"祥云"核心图形为基础，设计了"凤穿祥云"的火炬核心图形，受到火炬处的认可，并最终被确定为北京奥运火炬接力核心图形。但在具体的图形运用方式上，我们与火炬处产生分歧，我们认为应该沿用"祥云"核心图形的切割运用管理方式，来使用"凤穿祥云"的火炬核心图形，以期从内容到形式、到具体运用方式都能与北京奥运整体形象景观保持一致。而火炬处则希望不囿于"祥云",在图形选择与应用管理上能有大的突破。但我们坚持统一性原则,不肯让步。

2007年11月,由火炬处牵头,召开北京奥运会火炬接力形象景观设计汇报专题会,到会人员有北京奥组委主管项目副主席,形象景观处艺术总监,来自清华大学美术学院与中央美术学院的评审专家,火炬接力赞助商可口可乐、联想、三星公司代表,还有奥组委火炬接力运行车辆赞助商大众汽车公司代表。火炬处领导开场介绍说,除了听取中央美术学院的方案汇报外,国际奥委会设计顾问布劳德·科普兰德出于对北京奥运会火炬接力形象景观设计的热情,以大众汽车北京奥运形象设计团队总监的身份,为北京奥运会火炬接力做了形象设计。于是,设计汇报专题会变成了面对面的比稿会。

我们提报的方案以火炬接力核心图形"凤穿祥云"为主题,贯穿于机身、接力车队、旗帜、围栏、背板、服装等每一项具体设计之中。在汇报完设计方案后,我特别强调了国际奥委会对北京奥运形象景观工作的基本要求,火炬接力形象景观是北京奥运形象系统的延展运用,我们设计的基本原则是,火炬接力形象景观设计系统作为子系统,应与北京奥运整体形象系统协调一致,要沿用"祥云"主题及既定风格,而不是另做创新设计。

之后,大众汽车设计团队代表介绍了他们的方案,该方案以新元素"梦想之路"——两条表示道路的黄线为图形主题,这就意味着在北京奥运火炬接力"凤穿祥云"主题之外又平添了一个新的图形主题。"梦想之路"以两条黄线为视觉主体,并通过阴影予以强化,黄线周围排列数条细线以分割"凤穿祥云"核心图形,这使得"凤穿祥云"的图形特征消失殆尽。该图形强调流线、速度等运动感,从形式到内容都与北京奥运火炬接力"凤穿祥云"图形相去甚远,是一个与北京奥运整体形象系统风格大相径庭的设计方案。

在听取完汇报后,三家火炬赞助商代表分别表态,三星、可口可乐表示他们更喜欢大众汽车设计的方案;联想代表的发言则意味深长,他说中央美术学院的方案是一个安全的方案,中规中矩,而大众汽车的方案更具挑战性。接着,奥组委文化活动部景观处艺术总监强调了奥运形象景观要保持统一的基本原则,但与会专家更倾向于大众汽车的方案。最后,主管副主席做总结发言,在礼节性赞扬了大众汽车的创新设计后,坦言他对这一设计与整体形象景观不一致的担忧,表示最终的决定将由奥组委执委会做出。然而,评审会议的结论其实已一边倒地偏向于大众汽车的设计方案。

评审会结束几周之后,我们接到通知,执委会通过了中央美术学院的方案。

出于保密机制,我们无法知道这两个方案在最终的执委会评审过程中究竟经历了什么,但有一点可以肯定,正如我们一开始就严格遵守的北京奥运形象系统设计原则——有中国特色、保证北京奥运整体形象系统统一,北京奥组委执委会在终审时同样坚持了这一原则。在大原则面前,执委委员们并没有被具体职能部门、专家及赞助商的共识所左右,而是根据国际奥委会规定与倡导的奥林匹克形象设计原则,给出合乎实际的理性选择。这一抉择,维护了北京奥运火炬接力形象景观系统与北京奥运整体形象景观统一性原则,实现了北京奥运形象在所有环境中的视觉统一。

以上这个案例揭示了执委会审议的独立性对于形象景观的重要意义。事物的独立性通常源自两个方面,一是事物与事物之间存有的明显界限;二是该事物具有独特的运作方式与运作规律。对于设计决策而言,前者主要是指决策机构与权限的独立,奥组委执委会作为北京奥运设计审核的最高机构,具有无可争议的独立行使最高决策权的权力;后者则意味着决策模式与程序的独立,奥组委执委会作为北京奥运设计的终审机构,其程序设计要求最终决策不受执委会以外的任何因素干扰,决策完全自主、独立,只接受司法与公众监督;这种决策的独立性只服从法律,对人民负责。强调中国特色,以奥运形象统一性为基本原则,从宏观上把握形象景观的整体风格,不受个别因素干扰,保持执委会审议的独立性与严肃性,是以"凤穿祥云"为主题的火炬接力形象景观系统设计得以幸存的根本原因。

独立性源自距离的控制,只有与具体事务保持一定距离才不至于陷于事务本身而失去基本判断,距离控制是发现问题、还原事务的本来面目的要素;但在另一端,与实际事务的完全脱节,又会使决策建立在虚无的空中楼阁之上。

北京奥运形象设计的质量控制是一个涉及面广泛的研究课题,为了集中探讨本人熟悉与关心的问题,本章节仅从设计师策略、审美及标准研究、设计评审机制三方面加以论述,而不涉及后期设计实施的质量控制与管理议题。

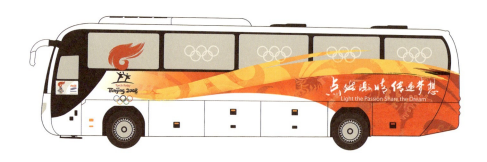

图 3-22，上图：北京奥运火炬接力车体设计方案（中央美术学院团队设计方案）
　　　　下图：北京奥运火炬接力车体设计方案（大众汽车团队设计方案）

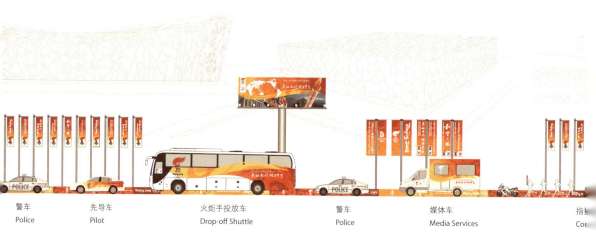

| 警车 | 先导车 | 火炬手投放车 | 警车 | 媒体车 | 指 |
| Police | Pilot | Drop-off Shuttle | Police | Media Services | Co |

图 3-24，北京奥运会火炬接力形象景观系统设计

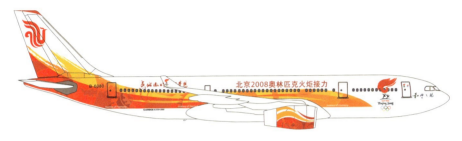

图 3-23，北京奥运"圣火号"专机设计最终稿

| 安保车 | 礼宾车 | 火炬手收集车 | 收尾工作车 | 救护车 | 警车 |
| Security Services | Guest Relations | Pick-up Shuttle | Sweep | Ambulance | Police |

图3-25 北京奥运火炬接力现场

奥运设计竞赛是一个激动人心、希望渺茫的设计竞赛，基于生存本能，设计师们普遍采取了以方案数量博取晋升机会的低端但有效的数量策略，而要在持续的竞争状态中笑到最后，则要依靠设计的专业质量与对政策目标的敏锐把握，以及在层层审核中从容应答与积极变通的能力。但在一个时间资源极其有限的空间中，如何平衡所有设计资源与要素，就成为最大的难题。在所有个人努力之外，随机飘荡的机缘有时会起到决定作用，北京奥运设计实践让我深信，每一项具体的设计都有自己的既定命运。

虽然有宏大的政策目标在前面指引，但落实到具体的设计中，设计师依然会将审美视为设计的生命及个人品位的核心，而由审美层次所决定的精英与群众之间的距离始终存在，横亘于过去、现在乃至未来的时间变幻之上。奥运作为这个星球上最具影响力与参与性的群体事件，它的视觉形象、审美风尚究竟应该代表大多数群体的意愿，还是体现少数精英意志并由他们来引导潮流？纵观往届奥运形象设计的历史，直到最近的伦敦奥运会形象设计，这一问题一直在持续争议之中。审美一旦走出艺术家的工作室，进入到公共空间之中，就不再是单纯的趣味问题，而与权力、政治、文化等相关，从而引发系列思考与争议，以及在这些思考与争议下的不同设计实践。与审美相关的公共争议很难产生一致性的结论，但由不同审美取向所引发的设计标准及标准下的设计实践，却有必要引起足够的反思，因为它关乎资源的利用与人民的权益，是代表与被代表的问题，既是意识形态问题，又是具体设计实践问题。

对北京奥运形象设计评审机制的亲历与研究，让我意识到在机制中的个体因素与部门利益不容忽视，人的种种本能、欲望与意志，总是在可能与不可能的状态下寻找突破的契机，再科学、再严密的机制设计也摆脱不了这一事实：个人因素对设计决策的助力与破坏力时刻存在，而这一点让审核机制时刻面临挑战并让结果充满不确定性。在工业革命替代农业革命之后，以顺应自然节奏与规律为群体基本生存意识与道德的时代一去不返，而以所谓理性的力量试验、组合、创造、控制一切、挑战或再造自然的自信与道德观成为主流，人们难以接受或易于忽略所有人为程序设计（无论是工业、信息还是社会）中均不可避免地存在着人力难以控制的自然力量或人类本能的自动性与不确定性的事实。

但在相反的一端，基于中国设计实践的现实，人们又容易将决策层，特别是最高领导的意志与趣味看成是决定设计命运的关键因素，于是，通过种种猜想或渠道得到相关信息，并以此为设计依据或方向就成为一种常见的设计策略，特别是在商业设计之中。但人们容易忽略的一个重要事实是，在决策与被决策、领导与被领导的主从关系中，决策层中个人的实际权力并不如猜想的那样具有决定性。在上下级关系中，距离是一个值得重视的参数。

级别越高，与群众的距离越远，这种刻意的、无形的距离控制，是领导权威形成的重要方式。但由距离形成的权威感并不总是令人满意的，"在等级制度中位置比别人高而得到的满足并不能补偿失去自由的损失"。[4] 与人群的隔绝不可避免地让领导者产生孤立，只有走到人群之中，才能获得真实的体验，但领导者周围的人会通过各种方式保持着自己与领导者的距离，因为这种距离控制等同于制度要求。只要周围的人坚持自己的距离，上下之间就不会有平等坦诚的对话，从而使得真相难以真正浮现。在这种隔绝状态中的领导者的自主能力是有限的，很多时候，做出的决定并不是个人的意志体现，而是在特定情形与态势下的被动反应。想要体现出决策的独立性，很多情况下需要借助于决策层的集体智慧、信念与共同努力。北京火炬接力形象景观设计决策所体现出的令人振奋的独立性，让我们意识到北京奥运对集体智慧、集体决议的坚持的作用与意义。

在这一章中，所有描述重点似乎都落实在看似负面的因素与环节上，这是因为在我看来，对北京奥运形象设计质量控制的研究，不应该把精力用在对显而易见的一般性设计标准、设计控制、设计审核等详尽而冗余的阐释上，而是要警惕与关注那些不可控、不确定的因素与环节对设计质量控制的助力或破坏力。

第三节　注释

1　丁一凡：《权力二十讲》，天津人民出版社，2008，第70页。
2　《北京奥运会指示系统标识的设计说明》，2006年12月。
3　同上。
4　[德]埃利亚斯·卡内提：《群众与权力》，北京：中央编译出版社，2002，第4页。

图 4-01，国家体育场"鸟巢"场内景观实景

第四章　　图像的权力
——作为权力象征的奥林匹克形象

图 4-02：国家体育场"鸟巢"场内景观实景

第一节 谁的奥林匹克——"五环""北京 2008"与赞助商

缺失的"五环"

在临近 2008 年 8 月 8 日北京奥运开幕的前夕,北京奥组委文化活动部形象景观处艺术总监每天的任务就是,陪同国际奥委会的官员及形象顾问巡查北京各个奥运场馆、中心区及相关场地的奥运形象景观的实施情况,结果在主体育场"鸟巢"的田径跑道上竟看不见奥运"五环"标志。这一具有象征性的重要区域的"五环"的缺失,意味着在整个北京奥运形象景观设计中极有可能存在着对"五环"的普遍疏忽。果不其然,围栏、背板、旗帜上出现最多的是"Beijing2008",其次是主徽"中国印"和"同一个世界,同一个梦想"的口号。于是,景观巡查工作的重点就是到处补贴奥运"五环"标志,特别是在有"Beijing2008"字样的地方都加上"五环"。这看似简单的工作却是每届奥运会形象景观巡查的重点,"五环"的缺失几乎是每一届奥运会形象景观实施存在的共同问题。

2008 年 8 月 8 日晚,北京奥运会开幕,当电视直播镜头播出中华人民共和国主席胡锦涛与国际奥委会主席罗格出现在主席台的画面时,我发现红色主席台背板上赫然出现的仍然是"Beijing2008",而没有"五环"。在 2008 年奥运会结束后,"鸟巢"依然保持着奥运赛时的形象景观设计原貌,以供全国各地的旅游者参观,感受一下奥运的赛时气氛,细心的人会发现,主席台背板上"五环"标志加"Beijing2008"这行字是后贴上的,这就是开幕式后对"五环"标志匆忙补贴的痕迹。

主席台背板"五环"的缺失,某种程度上揭示了国际奥委会与各奥运举办城市对于奥运品牌形象理解上的差异。要解释这一差异,有必要对近代奥林匹克品牌形象的复兴历史做一个简单的回顾。就奥林匹克品牌商业价值的深度发掘而言,最重要的角色无疑是西班牙人胡安·安东尼奥·萨马兰奇(Juan Antonio Samaranch)。

1972 年慕尼黑奥运会发生了巴勒斯坦恐怖分子杀害以色列代表团成员的惨案,这是奥林匹克运动出现危机与衰败的一个信号。同年,当美国实业家艾弗里·布伦戴奇(Avery Brundage)交出象征国际奥委会主席权力的钥匙时，他略显迟疑地告诉继任者爱尔兰人迈克尔·莫里斯·基拉宁（Michael Morris Killanin），"你不大有可能用到它了，我相信奥林匹克运动撑不了几年了"。[1]这之后的奥委会由于太过政治化、开销太大等问题的困扰，其实已走到濒临停办的边缘。

1980年7月，国际奥委会召开了第八十三届会议，选举一位新的主席，结果年已六十的西班牙人胡安·安东尼奥·萨马兰奇当选。在之后二十余年里，萨马兰奇全身心地致力于奥林匹克品牌拯救与复兴计划之中。在这一过程中，萨马兰奇经历了1976年17个非洲国家因新西兰和奉行种族隔离政策的南非保持体育关系，而集体抵制蒙特利尔奥运会，以及1980年65个国家响应美国总统吉米·卡特的提议，为了抗议苏联入侵阿富汗，而抵制第二十二届莫斯科奥运会等严重危机，与各国领导人、政治领袖建立密切关系，通过TOP赞助计划与电视转播策略，逐渐将奥运会从一个资金匮乏、濒临破产的业余赛事，打造成为我们这个星球上规模最大、最具影响力的体育盛会。TOP（The Olympic Partners）赞助计划是一个用奥运会特许权利来筹集资金的计划，这一计划将奥运会由依靠私人募捐及政府补贴等方式搭建的"少数富裕运动员的舞台"彻底专业化，即以商业的法则与方式经营奥林匹克品牌。从此，由英、美两国的年长官员们所把持的国际奥委会的业余主义精神传统被彻底改变。在这一改变过程中，伦理与技术层面上的体育运动的"业余"与"职业"[2]的对立逐渐被化解，人们开始明白这个世界上既有恪守职业操守的职业运动员，也有极不道德的业余运动员，业余主义并不能等同于道德标准，奥运会最重要的东西是其提倡的奥林匹克精神——积极参与和公平竞争。

简单来说，TOP赞助计划的构想是：

把所有权力捆绑在一起——国际奥委会、冬季奥运会、夏季奥运会，还有超过160个国家和地区的奥委会，形成一个单一的四年独家营销一揽子方案，为商业公司介入全球奥运舞台提供一个"一站式购物"的便利条件。[3]

这是一个能够最大限度保障赞助商产品或服务的排他性商业协议，同时又是一个史上从未有过的需要协调、平衡多个国家与地区体育组织的利益，搭建体育史上最复杂、最庞大的商业平台的艰巨任务，在经过长时间的艰苦努力之后，在167个国家和地区的奥委会中，有154家加入了TOP计划。这个一揽子商业营销计划从根本上改变了国际奥委会的财政状况，使其不必过于依赖电视转播的收入，也从此改变了全球体育营销的理念与赞助模式。

到2008年，奥运电视转播覆盖面达220个国家与地区，全球电视观众接近40个亿。在萨马兰奇所发动的一系列奥林匹克拯救与复兴计划中，有一个名为"Look of Games"的奥林匹克品牌形象计划。这一计划旨在利用以"五环"标志为核心的系列奥林匹克形象元素的整合与运用，通过强化奥运会独特而神圣的起源及普世价值观等来提升国际奥委会的品牌形象，该计划的实施就是奥运形象景观应用系统。萨马兰奇曾说："既然要搞世界上最盛大的晚会，为什么不把自己打扮得漂亮些呢？"[4]

真正促使国际奥委会全盘整治奥林匹克精神形象的统一管理问题，是由于亚特兰大危机。1996年，亚特兰大奥运会是奥林匹克品牌发展史上最为糟糕的一页，由于亚特兰大市政委员会在商业上的目光短浅与过度贪婪，他们无视TOP赞助规则与奥林匹克形象的统一原则，推出了极具破坏性的资金募集计划。这一计划面向所有商业机构或个人，无论是奥运赞助商还是非赞助商，只要出钱，就可以购买街道摊位，最终导致6000多个小业主参与其中。于是，亚特兰大市中心游商小贩云集、交通中断、拥挤不堪，并最终演变成为一场彻头彻尾的商业灾难，奥运赞助商的权益被严重侵害，城市形象与奥林匹克品牌被彻底破坏。亚特兰大的灾难过后，国际奥委会重新审视如何才能更严格地控制与管理奥运会整体形象景观系统。首先要采取的行动是，要在奥运会期间，将奥林匹克品牌涉及的所有场所、平台、对象，不管是竞赛、非竞赛场馆，还是主办城市的大街小巷，不管是合作伙伴、赞助商，还是供应商、特许生产商，均需制定统一的奥运形象使用规范。而其中奥林匹克"五环"标志作为奥林匹克精神的视觉象征，必须成为整个奥运会视觉表现的核心与审核重点。[5]

奥运会的品牌资产的核心元素表现在三个方面：

一，古代奥林匹克的传统仪式（虽然在现实生活中已彻底消亡）。

二，强烈醒目的视觉符号。

三，奥林匹克精神的象征意义。

图 4-03，国家体育场"鸟巢"场内景观实景

虽然奥运会品牌的本质是建立在赞助模式上的商业品牌，但由于古代奥林匹克精神与现代体育相联系，使得它具有一般的商业品牌所没有的独特活力、激情与广泛的参与度；而奥林匹克传统、仪式、内涵及丰富的视觉呈现，又让它比所有商业品牌更具有独特的道德含义与精神象征。如果没有古希腊奥林匹克所特有的传统与内涵，那么奥运会就如同其他商业赞助的运动会一样。人们最深刻的奥运记忆总是与以下仪式或场景相关：希腊古奥林匹克遗址上神秘的点火仪式、橄榄枝与女祭祀；奥运圣火的全球传递，绵延数里、追随圣火的狂欢人群；奥运会开闭幕式上的运动员入场仪式、文艺表演、意想不到的点燃或熄灭圣火的方式；比赛过程中运动员挑战极限、彰显人类拼搏精神的画面；颁奖仪式上运动员的笑脸与泪水，等等。罗格曾说："各种仪式是关键因素，那是运动员们所崇拜的东西。通过与他们的接触，我深切地感受到这一点。他们向往奥运村的氛围，即使是一流运动员也不会仅仅为了金钱来参赛，因为在职业领域中金钱唾手可得。目标、成就和仪式仍然吸引着人们。……各种仪式是体验奥林匹克的基础。"[6]而所有这一切与历史悠久的奥林匹克传统相关的仪式或氛围，最终又与一整套强烈醒目的视觉符号相结合，从而形成统一的奥运会形象景观。这些视觉符号在近一百多年的奥林匹克品牌历史中，逐步由单一的"五环"标志发展整合成为一个专业的奥林匹克品牌视觉系统，名为"Look of Games"。"Look"是一个为奥林匹克品牌视觉系统专用的名词，在这一系统下的主要元素有：奥林匹克"五环"会徽、举办城市会徽、体育图标、二级标志、核心图形、口号、吉祥物、色彩，等等。该系统以会徽为核心，以核心图形为纽带，将奥林匹克形象与举办城市文化整合而成为一个统一的视觉系统，并通过一系列的规范与媒介传播方式，将整个系统运用于奥运会及与奥运会相关的所有事务与环境之中。这其中，对于举办城市而言，最重要的视觉元素是举办城市会徽，而对于国际奥委会来说，最为重要的视觉元素依然是顾拜旦创造的"五环"标志。

1913年，顾拜旦设计并推出奥林匹克"五环"标志，顾拜旦在《奥林匹克评论》中写道：

> 五个环代表世界的五个部分，他们在奥林匹克精神的感召下去迎接挑

战；同时，五个颜色代表所有国家，无一例外，瑞典的蓝与黄，希腊、法国、英国、美国、德国、比利时、意大利、匈牙利的蓝与白，西班牙的黄和红色在巴西的和澳洲的旁边，临近的是古老的日本与中国。这真是一个国际标志。[7]

"Look of Games"的奥林匹克品牌形象计划的核心就是围绕着"五环"标志展开的，这一点是国际奥委会的关注焦点，但往往被奥运举办城市所忽略。任何一届奥运举办城市都会本能地认为举办城市的标志更重要，特别是在申奥成功之后，经过几年的预热，在临近开幕、形象景观的实施进入白热化的最后阶段里，举办城市中的所有人，无论是官员还是一般群众，都会认为举办城市及其文化是奥运的核心，因为这么多年的努力就是为了等待最后一刻，在奥运会这个平台上展示自己的文化观、价值观，改变世界对自己的看法，实现对国家或城市形象的全面提升。而在国际奥委会这一端，他们始终清醒而冷静地意识到，这是关于国际奥委会奥林匹克品牌的一场盛会，举办城市只是一个具体的承办单位，它可以借助"五环"提升城市及国家形象，但这场盛会的主角永远是奥林匹克品牌，而奥林匹克品牌视觉化的核心因素就是奥运"五环"。事实上，唯有通过视觉、仪式、行为等方式清晰地展示奥林匹克精神、文化、个性与价值，奥林匹克品牌才能持续有活力地存在下去，唯有奥林匹克品牌的价值最大化与传播最大化，方能给举办城市的市政目标的实现带来可能；反之，如果各个举办城市各行其是，有意无意地忽略奥林匹克品牌的呈现，将举办城市的品牌形象与文化，甚至仅仅是将经济与商业形象的呈现视为核心，就会极大削弱奥林匹克品牌形象的清晰度与张力，进而削弱奥林匹克品牌的核心价值。长此以往，最终会导致奥林匹克品牌的价值与个性的全面衰退。举办城市的品牌与商业价值的实现只能依附于奥林匹克品牌价值最大化的基础之上，然而，这样一个浅显易懂的品牌关系在实践过程中由于举办城市本能的利己动机，往往会导致某种程度的背离，甚至是被彻底抛弃。1996年亚特兰大奥运会的灾难就在于对奥林匹克品牌无度的商业利用，结果导致商业与城市形象的双重损失。

鉴于这种理论上容易理解、实践中难以自制的品牌管理难题，国际奥委会开发出品牌巡查制度，在往届奥运会开幕前期，萨马兰奇甚至亲自坐在摄像机监视屏前，观察每一个机位的画面是否缺失"五环"。一个一切以运动员、竞技场为中心的奥运转播，更多的镜头机位安排是为了捕捉瞬间运动的精彩画面，那么特定机位范围内的形象景观上的"五环"也就成为巡查的重点，而其他区域的巡查则相对宽松。也许这就是造成北京奥运开幕式主席台背板"五环"标志被疏忽的原因。但不管怎么讲，这一不该出现的细节失误，再次说明奥委会在赛前的形象景观巡查制度的必要性，但更为重要的是，它揭示出国际奥委会与各举办城市对奥林匹克品牌的某种认知差异。

国际奥委会作为奥林匹克品牌的持有人，更注意品牌的连续性与长期性，"五环"标志在各种应用环境与细节上的一致性及其尽可能多的视觉重复，是强化奥林匹克品牌形象的长期战略之一。各奥运举办城市的奥运目标则更多的在于提升自己城市或国家的品牌形象，虽然这一战略与国际奥委会的品牌战略并不矛盾，因为奥运举办城市的成功与持续提升是保持奥林匹克品牌生命力与吸引力的关键因素，但相对而言，举办城市的奥运战略更具有短期性与不可避免的功利性，从而出现一方面是对奥林匹克品牌核心视觉符号"五环"有意无意的忽略或削弱，另一方面又对奥林匹克品牌商业价值的开发过度透支。

"清洁"的价值

无论是现场观众还是电视观众，只要是观看过奥运会的观众都会发现，与一般体育比赛充斥赞助商广告的比赛环境不同，奥运会场地内没有任何广告，是一个非常"干净"的场地。这个"干净"的场地源自奥运场地的"清洁"（Clean）原则，这一原则是奥运会看上去如此特别、迥异于其他体育赛事的主要原因之一。

长野冬奥会之后，国际奥委会发起了一次全球性品牌市场调查活动，以确认在受众心目中奥林匹克品牌的真正含义。这项由国际奥委会市场营销公司 Meridian 所做的涉及 5500 名消费者、250 家重点媒体、奥林匹克大家庭及赞助商的深度调研活动表明，奥林匹克品牌由四个关键因素构成：

希望：奥运会通过面向所有人的、没有歧视的体育竞赛，为人们提供一

种让世界更美好的希望。

  梦想和激励：奥运会为人们提供一种催人奋进的动力，激发人们去实现梦想，而实现梦想的过程，是运动员付出努力、自我牺牲和决心的过程。

  友谊和公平竞争：奥运会为人们提供了看得见摸得着的活生生的例子，证明人性可以通过体育的内在价值，战胜由政治、经济、宗教以及种族隔阂所产生的歧视。

  努力的快乐：不管结果是什么样，自己至少尽了全力——由此过程所产生的快乐，在奥运会上得到歌颂。通过在比赛中表现出来的荣誉和尊严，奥林匹克选手让每一个人都产生这样的感觉。[8]

  可以说，奥林匹克品牌独特的商业价值正是由以上这些非商业性的因素及其价值所产生的。而要让这些看似虚拟的因素与价值落实在实际的品牌计划与实施之中，同时作为对 TOP 赞助计划反隐形市场的权益保护的视觉体现，国际奥委会特别开发出一个名为"Clean"的场地"清洁"原则，该原则要确保所有奥运比赛在没有任何广告的竞技环境中举行，大到场地环境，小到体育器械，均需遵守这一原则。在这个场地"清洁"原则的实施早期，观众会发现虽然体育比赛是在一个没有任何广告信息干扰的"干净"状态中进行，但场地的视觉环境多少显得有些冷清，而在 1996 年以后，随着辅助图形引入奥运形象景观设计，特别是 2004 年雅典奥运会之后，辅助图形上升为核心图形，由核心图形为纽带所展现的整体奥运形象景观以其前所未有的视觉丰富性与张力，引发了运动员与观众对奥运的独特热情与想象。这是一种丰富、热烈、单纯、有力的视觉表现，屏蔽了所有商业形象与信息，它让运动员与观众在奥运会所特有的、与举办城市文化艺术相联系的视觉氛围之中，全身心沉浸于体育比赛本身，享受由纯粹竞技运动所带来的愉悦与乐趣。这种非商业性的视觉体验与随之而来的崇高感受，是奥林匹克品牌的体验核心与价值所在。更为神奇的是奥运志愿者项目的引进，在 1948 年伦敦奥运会上，为了将一个因第二次世界大战而破碎的世界重新团结起来，奥运会第一次引入了奥运志愿者项目。身穿统一制服的奥运志愿者散布在奥运会各个职能部门与场地环境之中，无偿地为运动员、观众提供一切可能的贴心帮助。这一以奉献为唯一目标、数量庞大的志愿者人群，不仅成为奥运会一

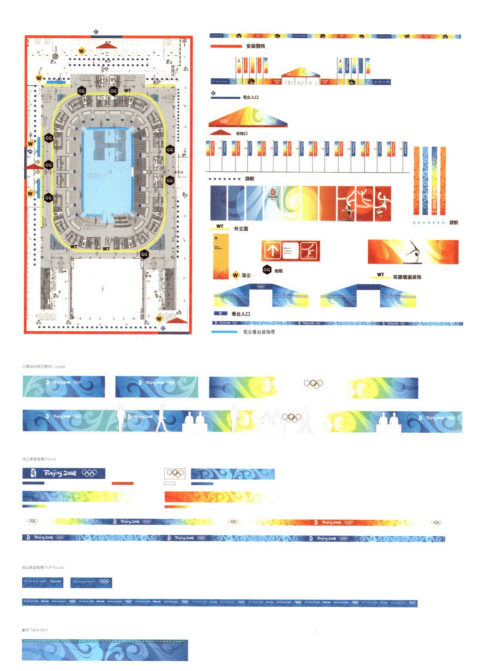

图 4-04,北京奥运会国家体育馆形象景观深化设计图

图 4-05，北京奥运会国家体育馆前期深化效果图与完成后的实景照片

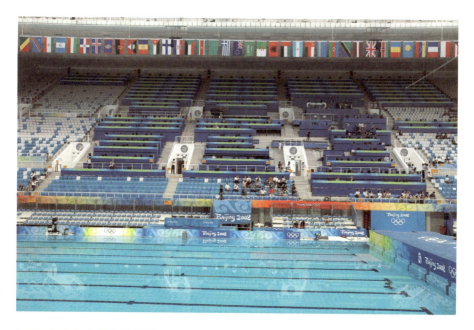

图 4-06，北京奥运会的"清洁"场馆

道亮丽的风景线，也成为流动的奥林匹克精神的视觉体现。

这是一个看似悖论的商业品牌奇迹：奥运会品牌的商业价值最大化是通过种种不可思议的非商业的因素与方式实现的。这一奇迹也改变了顾拜旦曾认为的商业与道德不可得兼的论断，1925 年 5 月 29 日，顾拜旦在布拉格市政厅举办的奥林匹克大会上曾断言：

> 到了该为奥运会建构起一套教育理论大厦的时候了……当山脚下的平地上出现了一个巨大的市场之时，我的同事和朋友们看中的依然是那座山峰，因为我们希望在那座山峰上建起一个圣殿。市场会消亡，而圣殿永存。市场或者是圣殿，体育人士必须做出自己的选择，这两者是鱼与熊掌，不可得兼。[9]

在这次大会上，业余主义被定义为：业余体育爱好者是那些为了体育运动本身而从事体育活动的人，他们不以此（无论是直接还是间接地）为谋生手段，而职业运动员则全部地或部分地以体育为谋生手段。在业余主义的原则下，对奥运会商业化的极端排斥却使得奥运会在举步维艰的状态中逐渐走向没落，直到萨马兰奇出任国际奥委会主席之后，采取了 TOP 赞助计划与电视转播竞标等系列商业化策略，才彻底扭转了每况愈下的局面，创造出一种体育道德与商业利益双赢的商业模式，这种模式在满足了奥运赞助商、转播商的商业实现的同时，部分实现了顾拜旦所提倡的奥林匹克的道德追求。但顾拜旦关于体育道德与商业欲望的对立问题，并没有因此彻底解决。事实上，人们对这一商业模式的争议、对萨马兰奇本人的质疑，一直没有间断，而将奥林匹克品牌引向歧途的过度商业化的诱惑也一直没有停止。考虑到奥运会持续上升的全球影响力与全球电视转播覆盖范围与时长，以及随之而来的围绕着赞助方式及相关利益体现而日趋严酷的商业博弈，对场地"清洁"原则的坚守时刻面临挑战，甚至是萨马兰奇本人都曾在想，如果在这一原则上稍加让步会带来怎样的超额利润，他通过国际奥委会总干事试探性地询问了可口可乐的市场总监史蒂夫·琼斯，如果允许可口可乐在奥运场馆做场地广告，他们愿意出多少钱？以下是史蒂夫·琼斯的回答：

在我们看来，只有当奥运会的每个方面都与众不同、特别，而且不断变得更好，奥林匹克的价值才得到提升。在整个奥运会期间，我们都不在消费者的视野之内，为了获取大众思想和精神上的注意份额，我们面临更为激烈的竞争，这一事实更加强化了对奥运会特别性的需求。让观众能够集中注意力于竞技比赛，没有任何视觉分散，能够让体育迷们的观赛经历更加值得记忆，而这就是保持一个"清洁场地"的价值所在。奥运会因此显示出其纯粹、尊贵，以及与众不同。更为重要的是，我认为这是体育迷所期待的东西。"清洁"比赛场地是奥林匹克的一项财产……你们的核心资产之一。比赛场是你们拥有的重要品牌空间，应该拥有它的每一英寸！分享你们的品牌空间将冲淡你们的奥林匹克品牌。不要拿你们塑造品牌强势的最好良机来妥协。当你们冒的风险在于失去品牌资产时，你们将失去的东西无法用具体的资金数额来衡量。可口可乐公司也许在购买比赛场馆广告方面比其他公司都出名，我们认为自己的标志和存在是可口可乐的核心资产。但我想，我们（以及其他赞助商）通过与"清洁场地"所强化的奥林匹克品牌结缘，所获得的连带价值，要大于在奥运会比赛场馆做广告所能够获得的利益。[10]

这一富有激情与远见的回答，在我看来是理解、维护奥运场地"清洁"原则的商业价值的最有力的阐释。奥运会所独有的丰富而统一的视觉形象系统就是建立在奥运场地"清洁"原则的基础之上，在观众甚至运动员被奥运独特视觉氛围感染时，我们必须清醒地认识到，奥林匹克品牌并不是一个公益性的公众品牌，而是一个建立在 TOP 赞助计划与全球商业转播方式上的彻头彻尾的商业品牌，在崇高的奥林匹克精神的光环下，蕴含着的是深思熟虑的商业品牌策略，即以提升举办城市形象与经济活力为吸引力，以提升赞助商品牌全球影响力、为全球转播商提供巨额转播价值为谈判砝码，以场地"清洁"原则、形象统一规范及志愿者项目等为品牌形象设计实施方案，最终整合所有相关因素，以仪式、视觉等方式传递奥林匹克品牌的核心价值：希望、梦想与激励、友谊与公平竞争、努力的快乐，等等。这一核心价值以其所独有的非商业性视觉空间与组织方式，让所有结缘于奥运会的商业或非商业机构获得了远比职业体育项目高得多的附加价值与利益，因为只有超越功利性买卖关系、直接诉诸人类健康、情感、道德的心灵体验，才是提升品牌形象与价值的终极方式。但在这一过程中,国际奥委会与各国奥委会、国际体育单项联合会、举办城市、奥运合作伙伴、赞助商、转播商之间的商业博弈从一开始就存在,并且还会无休止地存在下去。每一届奥运会都是独特的,每一个奥运举办城市也必然会以各自独特的解决之道化解矛盾,争取共赢。

要达到顾拜旦希冀的奥林匹克精神"圣殿永存"的伟大理想,所有相关组织与人员必须在奥林匹克品牌商业化运作过程中,深刻洞悉奥林匹克品牌的核心价值及其独特的体现方式,坚持道德与商业底线,抵御短期诱惑,才能共赢长期收获。

在一个为达到各自的品牌目标或商业利益的博弈过程中,一个易遭忽略或漠视的现象是,作为举办城市人群的大多数,普通市民的愿望与权力是否能得到体现,体现到何种程度以及以何种方式体现?在城市市政目标与市民愿景之间是否具有统一性?是否存在某种程度的背离抑或干脆是彻底的相悖?

第一节 注释

1　[英]麦克尔·佩恩:《奥林匹克大逆转》,上海:学林出版社,2005,第7页。
2　[英]戴维·米勒:《从雅典到北京》,哈尔滨出版社,2008,第89页。
3　[英]麦克尔·佩恩:《奥林匹克大逆转》,第111页。
4　同上书,第233页。
5　[英]麦克尔·佩恩:《奥林匹克大逆转》,第239—242页。
6　[英]戴维·米勒:《从雅典到北京》,第389页。
7　[英]麦克尔·佩恩:《奥林匹克大逆转》,第155页。
8　同上书,第158页。
9　[英]戴维·米勒:《从雅典到北京》,第88页。
10　[英]麦克尔·佩恩:《奥林匹克大逆转》,第225页、第418页。

第二节　群众的权力——政府目标与公众愿景

伦敦的争议

2007年6月4日，经国际奥委会批准，伦敦奥组委在伦敦正式发布2012年伦敦奥运会会徽。会徽由数字"2012"构成，包含奥林匹克"五环"及英文单词"London"，设计大胆强烈，具有街头涂鸦字体的味道，会徽色彩一共有四种，分别是粉色、橙色、蓝色和绿色。更为特别的是，伦敦奥运会和残奥会共用这一特别的会徽。

会徽的设计者是世界著名品牌咨询公司Wolff Olins。该标志向全球发布之后，国际奥委会及伦敦奥组委方面给予了积极的评价：

每一届奥运会都有自己的特色，并与百年奥运的历史联系在一起，我相信，今天推出的伦敦奥运的品牌，意味着一个充满活力、现代和包容性的"伦敦2012"将在奥林匹克的历史上留下印记。

——国际奥委会主席罗格

该会徽象征着活力、现代和灵活，反映了一个丰富多彩的世界。这个世界上的人们，尤其是年轻人，不再欣赏静止的标识，而是更倾向于用新技术和新媒体创作出来的充满活力的徽标。

——伦敦奥组委

我们将举办一次人人都被邀请参与的运动会，因为人们将被激发去参与面向2012年的体育、文化、教育及交流活动，或实现他们的个人目标。这不是一个标志，在未来五年它将是引导我们的品牌。

——伦敦奥组委主席塞巴斯蒂安·科

2012年伦敦奥运会的新会徽充满活力，并且激动人心。它同时代表了奥运会和残奥会，这是第一次将它们紧密联系在一起。

——国际残奥会主席菲利浦·克雷文

我们希望2012年伦敦奥运会不止是精英运动员的胜利。当人们看到这一会徽时，我们希望他们能够备受鼓舞，促进他们的生活发生一种积极的变化。

——英国首相布莱尔[1]

值得注意的是，官方评论集中强调这是一个充满活力、对年轻人具有吸引力的会徽，认为这是一个真正富有创造精神的会徽，以图形的方式抓住了2012年伦敦奥运会的本质，即通过体育运动、奥运精神吸引激发世界各地的青年人。但在公众方面，该标志却恶评如潮。在会徽发布后不到48小时，《英国卫报》《每日电讯报》和英国广播公司网站及相关博客上均出现爆炸性的批评意见，要求更换该标志的呼声源源不断。英国人，特别是伦敦市民以他们所特有的挑剔嘲讽与尖酸刻薄，将他们的失望、愤怒倾泻在这个刚出炉的标志身上。新会徽设计被描述成"破裂的纳粹标志""正在上厕所的猴""潦草的恶搞"等，并被认为是"用最糟的方式让英国难堪"。有人甚至在网上发起请愿，要求改换会徽设计。

所有批评主要集中在三个方面：一，空洞，缺乏内涵，与伦敦或英国无关。二，标志本身造型粗俗、恶劣、丑陋、缺乏品位。三，质疑评选方式的程序与公正性。BBC奥运会互动报道主编克莱尔·斯托克斯表示："网友们对伦敦奥运会会徽的发布迅速做出了回应，但大多数评价是负面的。"[2]

会徽的设计者是世界著名品牌咨询公司 Wolff Olins，作为一家历史悠久的资深品牌咨询公司，为伦敦奥运会设计会徽对于 Wolff Olins 而言，不是一个简单的标志设计，而是全球最大的品牌视觉战略问题。这个看似前卫、锋利的会徽设计，绝不会是某个设计师或设计小组的突发奇想或率性而为，其背后支撑应该是对于伦敦奥运会形象的整体战略思考。但我的疑惑在于，这一代表伦敦城市的重要标志为何要一反公众的预期，完全没有丝毫伦敦或英国的风格呢？2009年11月，我在伦敦 Wolff Olins 公司与会徽设计创意总监 Patrick 探讨了这一问题。

杭：就会徽设计而言，伦敦奥组委给你们提出了他们的基本理念与需求吗？

Patrick：你知道，伦敦在最后一分钟战胜巴黎的原因在于，伦敦提出他们将创造出"like no other"，一个全新的奥运会。这个伦敦最重要的承诺将这届奥运会的目标设定为吸引全世界的年轻人参与奥运会，分享奥林匹克价值。所以我们希望能创造出一个足以能让人们反思他们惯有的奥林匹克概念的全新品牌设计。

杭：许多伦敦人抱怨这一标志没有任何与伦敦或英国文化艺术相联系的因素，是一个与伦敦无关的伦敦城市标志。

Patrick：你知道，伦敦奥组委要求我们不要在标志中出现传统元素或地域元素，不要出现伦敦地标性的东西，而要创造出一个前所未有的全新标志。

2005 年 7 月 6 日英国时间下午 12：46，罗格在新加坡代表国际奥委会向全球宣布 2012 年第三十届奥林匹克运动会的举办城市是伦敦。正如 Patrick 所言，伦敦在最后一分钟战胜巴黎的最主要的原因在于，伦敦提出了将举办一届奥林匹克历史上从未有过的全新的奥运会，而这个奥运会的重点旨在吸引全世界的年轻人。正是这一点触动了国际奥委会的神经，对于国际奥委会而言，如何保持奥林匹克品牌的活力与可持续发展是他们最关心的问题。

对于奥林匹克运动而言，现实是严峻的，一方面，在多元价值观下，当代青少年对奥林匹克理念越来越生疏，缺乏对奥林匹克品牌的价值与情感认同；另一方面，由于电子娱乐的盛行，年轻的一代花更多的时间待在电脑前，或沉浸于电子游戏，而不是出现在球场上。参加体育锻炼的青少年越来越少，青少年的肥胖问题愈演愈烈，下一代的身体素质逐年下降，进而影响他们的性格塑造。诚如顾拜旦所言，"性格也不是由心智塑造而成的，最重要的塑造力量正是来自身体，古人对此早已明了，而我们现在却要艰难地重新认识"。[3] 罗格自 2001 年成为国际奥委会主席之后，即意识到这个问题，并清醒地认识到让越来越多的年轻人关注、参与奥运会，共享奥林匹克价值观，无疑是奥运品牌保持持久生命力的最好方式之一，毕竟未来是年轻人的，避免品牌老化的最佳方式就是与青春结缘。作为具体的行动方式，罗格建议发起青年奥林匹克运动会。虽然这一提议曾招致包括萨马兰奇在内的许多国际奥委会官员的反对，但在突破层层阻力之后，第一届青年奥林匹克运动会于 2010 年在新加坡举办，随后中国南京获得第二届夏季青奥会的举办权,这意味着奥林匹克品牌的某种转变:从强调奥林匹克精神与举办城市文化相结合,转向旨在吸引更多的青少年关注与参与的奥林匹克品牌年轻化。罗格曾说过,"我对奥运会的未来充满信心,年轻的一代愿意参加和观看奥运会,奥林匹克的梦想将会延续下去"。[4] 在这样的大前提下回看2012年夏季奥运会举办城市的博弈,我们就可以知晓伦敦最终战胜巴黎的根本原因了。

2005年7月6日,在新加坡举办了第三十届奥林匹克运动会申办城市竞选大会,在伦敦申奥陈述中,时任伦敦奥申委主席的塞巴斯蒂安·科指出:

> 在过去,伦敦和国际奥委会曾一起应对系列严峻的挑战。1908年,伦敦奥运会按照严格的时间表建造了奥运史上第一个专门用于奥运的体育场馆。1948年,我们的前辈通过奥运会将破碎的世界重新团结起来,其中最重要的遗产就是第一次引入了奥运志愿者项目,而直到今天,奥运志愿者仍然是奥运会的核心要素。今天,伦敦已准备好迎接新的挑战,并为奥林匹克提供一个更为持久的体育遗产。
>
> 今天的局面是严峻的,它更加复杂。我们再不能想当然地认为,年轻人会选择运动。一部分年轻人在他们的生活中可能缺乏相关的体育设施,或缺乏教练和榜样引导他们。而其余的,在一个24小时充满娱乐与享受的年代,可能只是缺乏期望,我们决心在伦敦奥运会应对这一挑战。因此,伦敦的目标是全世界各地青少年,运用奥运会鼓舞人心的力量将他们联系在一起,鼓励他们投身奥林匹克运动。[5]

作为曾两次承办过奥运会的城市,伦敦并没有过多提及这个城市的历史与文化的魅力,而是策略地将伦敦演绎成为一个持续为奥林匹克复兴带来里程碑的创新概念的创意城市。这种历史上与奥运结缘、时刻准备迎接挑战的姿态被定义为:伦敦将承办一届特别的、与众不同的奥运会,目标是吸引全世界的年轻人。这一定位吻合新任主席罗格所领导的国际奥委会的工作目标,伦敦的胜出其实没有悬念。

但政府与组织之间战略目标的一致并不意味着是举办城市民众意志的当然体现,政府始料未及的是,英国民众对会徽的激烈反对,这在某种程度上体现了市政策略与民众愿景之间的差异。

在充满争议的伦敦奥运会标志后面，隐含着三种利益的博弈：一，国际奥委会的战略目标。二，伦敦作为申办城市的市政策略。三，伦敦市民对奥运的期望。

如前所述，伦敦的市政策略与国际奥委会的战略目标一致，即把2012年伦敦奥运会打造成为一个全球年轻人欢聚的盛会，强化其与众不同的前卫、青春气质。我相信任何奥运举办城市的市政目标都是为了提升城市的形象及其全球影响力，而所有努力的直接受惠者应该是居住在该城市的居民。但伦敦的案例告诉我们，市民的愿景与城市执政方略可以是南辕北辙，大相径庭。

首先，伦敦市民珍视的、引以为豪的或者乐于展示的是与他们的历史、生活息息相关的英国传统文化与艺术，其中最为重要的是品位。伦敦人一直以优雅与品位自诩，并因此在其彬彬有礼的言谈举止中有意无意地显露出莫名的优越与骄傲。这一点并没有因为伦敦的现代化进程、伦敦特有的古老与新锐混搭的共生性质而有所改变。

其次，这里是伦敦，它以拥有伟大的平面设计传统及无数设计天才而自诩。从18世纪以来的字体设计大师，如威廉·卡斯隆（William Caslon），到当代图形设计的巨擘，如彼特·萨维尔（Peter Saville）。作为当代平面设计的沃土，伦敦没有理由不产生类似兰斯·威曼（Lance Wyman）为1968年墨西哥城奥运会、奥托·艾舍（Otl Aicher）为1972年慕尼黑奥运会所创造的具有永恒性质的伟大标志。

而在雅典、北京这样重量级的文化古都之后再打传统牌，显然不足以吸引国际奥委会的目光，伦敦在全球重要城市中所特有混合与前卫的性质，让伦敦市政府找到了申奥突破点，这就是以一座年轻人欢聚的城市迎接下一届奥运会。于是，作为这种定位与承诺的视觉体现，我们看见了涂鸦的标志、独眼的吉祥物、荧光的色彩等体现年轻化与个性，甚至是反叛的青春元素。在看似年轻单纯的符号背后，隐含着与品牌、市场、商业相关的申奥博弈的策略思考。而略显保守与骄傲、始终沉浸在"维多利亚"回忆中的伦敦市民，是无法接受以如此"粗俗"的视觉品位体现伦敦这一历史悠久、文化精致的城市符号的。在伦敦人看来，没有什么会比没有品位或坏品位更令人尴尬、恶心的事情了。在无数反对的评论声中，人们使用了"粗俗""乏味""垃圾""老土"等词语宣泄内心的不满与愤怒。其中，人们对于这样一个"五颜六色的垃圾"居然花费40万英镑更为愤懑，尽管这笔费用来自私人捐助。[6]

被一个没有品位的"粗俗"标志强制代表所引发的不满与愤怒，一直持续到今天，并因之后陆续出炉的更加恶搞的独眼吉祥物与平庸的体育图标而强化。大众的态度并没有如 Wolff Olins 公司所预期的那样，随着时间的推移，人们会最终喜欢上这一前瞻性的标志。相反，伦敦会徽后来又引发宗教争议，由于会徽中的2012数字形似"Zion"，而"Zion"通常被指代耶路撒冷或以色列，因此伊朗奥委会认为会徽有亲以色列之嫌，并威胁要抵制2012年奥运会。英国知名专栏作家扎卡里·赖默认为，与其被指责为"种族主义者"，不如及时做出改变，换个会徽。[7]

这也许就是政府层面的申奥目标和市民对城市记忆与奥运愿景之间距离。尽管在伦敦奥运会徽发布后，恶评如潮，呼吁取缔这个标志的呼声连绵不绝，但伦敦奥组委官员巴赛特说："我们不准备再做改变，人们只能逐渐适应它。"[8] 伦敦奥组委最终抵住所有反对意见与舆论，坚持使用这一充满争议的会徽。代表与被代表的强制关系同样可以发生在伦敦这样一个开放、自由的城市。好在伦敦是一个以持续争议为特征的城市，无论是其时尚文化，还是金融、劳资、竞选等经济政治议题。对所有事物事无巨细的、持续的、没有结论的争议，自"二战"后没有来由的莫名骄傲与尖酸刻薄，一直是伦敦的舆论传统与城市图景。这是一个墨守成规与前卫出位相共生的混合性城市，对所有新事物、新观点的本能调侃与冷嘲热讽，但最终又能够接受一切新生事物并视为实际生活与传统的有机部分，这一直是推进伦敦城市进化的动力。曾经充满争议的伦敦眼、千禧穹顶，如今已成为伦敦人引以为豪的泰晤士河畔的地标性建筑。对于英国人来说，议论与被议论并不意味着什么，就像王尔德所说的，世上只有一件事比被人议论更糟的，那就是没人议论。

回到北京奥运会，从"新北京，新奥运"令人浮想联翩的申奥主题，到"同一个世界，同一个梦想"口号下的人文、绿色、科技奥运的理想与承诺，北京以中国传统文化的现代表达的奥运形象定位，几乎得到全体中国人的一致拥护，一种前所未有的急于全面展现我们伟大传统与文化的冲动，从申奥成功那一刻起，贯穿于长达八年之久的北京奥运筹办过程的始终。从全国各地群众对奥运事务的积极参与和倾情奉献中,我们看到政府目标与群众愿景的高度统一,北京奥运形象设计就是在这样一种时机与氛围中展开的,但这并不意味着所有的呈现、所有的执行细节上都没有出入,前章所述"龙的出局",体现了在典型中国传统形象元素的选择过程中,政府决策思考与市民感受之间存有的差异;而有关北京奥运礼仪服装的"汉服之争",则更进一步说明在大方向一致的前提下官方与民间的思考分歧。

汉服之争

在 2008 年之前的奥运历史上,有两届以亚洲城市为举办地的奥运会——1964 年东京奥运会与 1988 年首尔奥运会。作为奥运文化的亚洲记忆,在这两届奥运会上,身穿和服与韩服的礼仪小姐以其独特的亚洲传统文化风情给世界留下深刻的印象。那么,同为亚洲城市的北京,2008 年奥运会的礼仪小姐会穿哪种样式的传统服装呢?在社会各界种种猜测与建议中,一份由上百名教授、博士、文化名人等集体签名,建议北京奥运会礼仪服装采用汉服的倡议书,引发全国热议。这份倡议书开宗明义:

我们历来以"华夏民族"自称,也以"华夏"而自尊自信,那么,我们为什么叫"华夏"?《尚书正义》注:"冕服华章曰华,大国曰夏。"《左传鲁定公十年》疏:"中国有礼仪之大,故称夏;有章服之美,谓之华。"因此,如果不能展现我们的民族服饰之美,我们将愧对于"华"字;不能展现我们的民族礼仪,我们将愧对于"夏"字。中国自古就被称为"衣冠上国,礼仪之邦",所以,我们不能不重视我们的衣冠,不能不重视我们的礼仪。[9]

关于如何把华夏服饰和华夏礼仪呈现于世人面前,倡议书给出以下建议:
一,把"深衣"作为华夏民族的"礼服"。
理由是深衣创始于黄帝轩辕氏时代,有非常确切证据的可以追溯到商朝,一直到明朝结束,它是历史悠久、流传有序的中国传统服装,且深衣制度也为传统庆典冠婚仪礼所必备与习见。又为周边国家如日本之和服、韩国之韩服所追随沿袭,同源而异流。

二，把"汉服"作为汉族的服饰。

呼吁汉族同胞与其他55个民族同时出场时，汉族同胞穿汉服，以解决我国至今55个民族都有自己的民族服饰，唯独占人口比例超过90%的汉族却没有自己民族服饰的问题。

三，建议华夏人士，行我华夏之礼。[10]

倡议书一经登出，全国各大网站、论坛及常规媒体纷纷转载并围绕这一提议展开激烈讨论。为什么北京奥运礼仪服装会牵动如此之多的中国人特别是中国知识分子的心，并引起全国范围的争鸣？对于这一问题的分析，要回溯到中国古代传统礼与服的关系问题上。

分别礼数，莫过舆服。[11]

舆服在中国古代一直是体现传统礼制最重要的要素与载体，这一点在历代纪传体通史中充分体现。自《后汉书》始，"舆服志"一直是中国古代编修历史、记录礼制的重要条目。如果说车马规格与数量更多体现的是与阶层等级相关的秩序要素与符号，那么人人均需穿戴的衣冠则更能体现出日常生活里中国礼的肇始与传统。

凡人之所以为人者，礼义也。礼义之始，在于正容体、齐颜色、顺辞令。容体正，颜色齐，辞令顺，而后礼义备。以正君臣、亲父子、和长幼。君臣正，父子亲，长幼和，而后礼义立。故冠而后服备，服备而后容体正、颜色齐、辞令顺。故曰："冠者，礼之始也。"是故古者圣王重冠。[12]

这段文字简洁地阐释了衣冠与中国古代礼义的缘起关系，后世复杂深奥的礼在其缘起，其实极为朴素与平易，"正容体、齐颜色、顺辞令"是礼义建立的起点，可以用来调整君臣父子长幼的关系，一旦"正君臣，亲父子，和长幼"，就意味着礼义的社会关系从此建立起来了，而这一切的前提是"冠而后服备"，整顿衣冠是一切礼义的前提。故《易经》曰："黄帝、尧、舜垂衣裳而天下治。"[13]

礼始自衣冠，在之后的漫长历史进程中逐渐演绎为实际生活中礼大莫过于衣冠的传统，甚至有"子路结缨遇难，正冠而亡"的悲壮故事，[14] 衣冠在中国礼仪传统中所具有的异乎寻常的重大象征性意义与符号价值，由此可见一斑。而作为中国历代服装的缘起——深衣，也就被赋予了一系列形而上的观念，以强化深衣礼数的象征性：

> 古者深衣盖有制度，以应规、矩、绳、权、衡。
> 短毋见肤，长毋被土。续衽，句边，要缝半下。袼之高下，可以运肘；袂之长短，反诎之及肘。带，下毋厌髀，上毋厌胁，当无骨者。
> 制十有二幅以应十有二月，袂圜以应规，曲袷如矩以应方，负绳及踝以应直，下齐如权衡以应平。故规者，行举手以为容；负绳抱方者，以直其政，方其义也。故《易》曰："坤六二之动，直以方也。"下齐如权衡者，以安志而平心也。[15]

器以藏礼，深衣既然是最能体现中国礼仪传统的典型服饰，其制度设计不仅要符合人体着装的基本功能需求，如"长毋被土""可以运肘"之属，同时不可避免地附会出涵盖天地人伦的寓意，如"制十有二幅以应十有二月，袂圜以应规，曲袷如矩以应方，负绳及踝以应直，下齐如权衡以应平"之属。

服其服在中国古代从来不只是遮体祛寒等简单的功能需求，更不是后世追逐时尚潮流的应景需要，而是事关个人安身立命或家国仪礼制度的重要方式。"君臣上下之衣服，皆以王者所颁制度考校之。"[16] 衣冠制度承载着与礼制相对应的内涵与规制，"易服色"与"改正朔、法制度、定官名、兴礼乐"一样，是事关国家典章制度改易存废的大事，所谓"子服尧之服，诵尧之言，行尧之行，是尧而已矣。子服桀之服，诵桀之言，行桀之行，是桀而已矣"。[17] 前章所引明嘉靖皇帝因衮冕革带的缺失不合古制，与臣子进行的衮冕之服的制式与色彩问题的讨论，也从一个侧面证实了衣冠制度在皇权政治中的重要性。追溯中国历史，涉及服装改制的重大事件除清朝的剃发易服，当数战国赵武灵王的"胡服骑射"政策和北魏孝文帝的汉化改制。

赵武灵王是战国中后期赵国国君，在与中山国长期的对立与战争中，赵武灵王尝试以游牧化的骑兵建制组建部队，以胡制胡，取得不错的成效。公元前307年，楚越大战，之后齐、韩、秦加入混战，赵宋联盟审时度势，置身事外。赵武灵王借机在全国发布"胡服骑射"令。赵国不仅有中山国之患，其疆域又与林胡、楼烦、东胡、义渠、空同等胡人游牧部落接壤，国民中亦有大量的胡人和胡人后裔，可以说胡人文化在赵国民俗中占据主流，即使是赵国宗室，汉人与胡人的通婚程度也远高于秦国和燕国，这一点是赵国迥异于其他华夏诸国的地方。赵武灵王的胡化政策不仅是基于对胡战争的动机需要，同时也是合乎赵国民族构成的现实考虑。[18]

但"胡服骑射"令在一开始即招致以公子成为首的宗室贵族的反对。公子成认为华夏礼仪乃圣贤遗教，为远方蛮夷所追崇，如果背离传统，转袭远方之服，则是易古之道、违逆人心。[19] 之后又有"赵文、赵造、周袑、赵俊皆谏止王毋胡服"，[20] 但赵武灵王认为服装的设计是为了便于穿戴使用，礼的规定也是为方便事成，并举例越国与吴国礼服不同，但在方便行事的基本需求方面并无二致，是所谓"乡异而用变，事异而礼易"。既然要移风易俗，革新变法，就不必拘于旧制故礼。[21]

最终赵武灵王力排众议，正式颁布胡服令。"胡服骑射"令出台的主要原因固然是出于对胡战争的战略考虑，但在一个以华夏礼乐传统为统治阶层主流意识形态及其实践的国家中实施"胡服骑射"政策，则显示了赵武灵王的果敢与决断：

> 先王不同俗，何古之法？帝王不相袭，何礼之循？虙戏、神农教而不诛，黄帝、尧、舜诛而不怒。及至三王，随时制法，因事制礼。法度制令各顺其宜，衣服器械各便其用。故礼也不必一道，而便国不必古。圣人之兴也不相袭而王，夏、殷之衰也不易礼而灭。然则反古未可非，而循礼未足多也。且服奇者志淫，则是邹、鲁无奇行也；俗辟者民易，则是吴、越无秀士也。且圣人利身谓之服，便事谓之礼。夫进退之节，衣服之制者，所以齐常民也，非所以论贤者也。故齐民与俗流，贤者与变俱。故谚曰"以书御者不尽马之情，以古制今者不达事之变"。循法之功，不足以高世；法古之学，不足以制今。子不及也。[22]

这其中涉及服装改制的思考重点是：一，并没有一成不变的礼与法，国家的兴衰并不取决于礼的固守或改变,"圣人之兴也不相袭而王,夏、殷之衰也不易礼而灭"。古代圣贤之道在于随时制法,因事制礼。二,礼法既各顺其宜,那么服装自然应该各便其用。"利身谓之服,便事谓之礼",这才是真正的华夏礼仪传统及其实践的精粹,而一味地泥古不化,以古制今,非但不能达事之变,而且可能将国家引向危险崩溃的边缘。

拓跋部是活动在大兴安岭北端东麓一带的鲜卑族的一个分支,北魏拓跋宏于471年即位,是为孝文帝。494年,北魏正式迁都洛阳,孝文帝迁都之后颁布政令,禁胡服,摒北语,禁归葬,变姓氏、奖通婚。

考虑到年龄与习惯的因素,"摒北语"执行得较为变通与和缓:

高祖曰:"自上古以来及诸经籍,焉有不先正名,而得行礼乎?今欲断诸北语,一从正音。年三十以上,习性已久,容或不可卒革;三十以下,见在朝廷之人,语音不听仍旧。若有故为,当降爵黜官。各宜深戒。如此渐习,风化可新。"[23]

而在禁胡服方面,则事无巨细,执行得更为严格与彻底:

高祖还洛,引见公卿。高祖曰:"营国之本,礼教为先。朕离京邑以来,礼教为日新以不?"澄对曰:"臣谓日新。"高祖曰:"朕昨入城,见车上妇人冠帽而着小襦袄者,若为如此,尚书何为不察?"澄曰:"着犹少于不着者。"高祖曰:"深可怪也!任城意欲令全着乎?一言可以丧邦者,斯之谓欤?可命史官书之。"[24]

孝文帝不仅带头穿戴汉服,说汉语,还赐衣冠与太子恂,晓以冠义:

及冠恂于庙,高祖临光极东堂,引恂入见,诫以冠义曰:"夫冠礼表之百代,所以正容体,齐颜色,顺辞令。容体正,颜色齐,辞令顺,故能正君臣,亲父子,和长幼。然母见必拜,兄弟必敬,责以成人之礼。字汝元道,所寄不轻。汝当寻名求义,以顺吾旨。"[25]

但太子恂以河洛暑热为苦,每追乐北方,常私着胡服,被杖数百、囚禁。后在孝文帝出巡之际,太子恂又借机谋轻骑出奔平城,事发被废为庶人,直至赐死,酿成父子相残的极端惨剧。除此极端事件外,改制自始至终遇到平城鲜卑权贵的激烈反对,并在孝文帝死后,南北矛盾全面激化,以至于兵民变乱,六镇起义,最终导致北魏政权迅速覆灭。

孝文帝执意迁都改制有其重要的战略考虑:一则北魏定都塞北平城已近百年,"此间用武之地,非可文治,移风易俗,信为甚难"。[26] 平城地处偏僻,气候寒冷,加之生产经济上的落后,渐不能满足新政规制,为有效控制中原,巩固北魏政权,实现南伐野心,孝文帝才不顾阻力,执意迁都洛阳,"崤函帝宅,河洛王里,因兹大举,光宅中原"。[27] 二则孝文帝自幼受汉文化熏陶,对汉文化典章制度衷心仰慕,希望通过系列汉化政策将鲜卑游牧社会形态全面改造提升,以期文德制邦,复礼万国。在孝文帝看来,为鲜卑千秋计,不汉化不足以一统天下,长治久安。因此,较之一般鲜卑人的见识,孝文帝显然具有一种高远的政治理想与文化境界,孝文帝改制客观上促进了民族融合与国家统一。[28]

以上两个例子,一个是华夏国君选择胡服,一个是鲜卑族帝王选择汉服,都涉及在国家面临潜在风险或发展契机时,如何理解与解决传统礼俗与现实需要相冲突的问题,服饰符号的改易存废背后从来都是王朝更替、家国兴衰等惊心动魄的历史图景,放弃汉服的赵武灵王死后仅三十多年,公元前260年发生秦赵长平之战,赵国大败,投降的40万赵军被武安君白起坑杀,[29] 赵国从此一蹶不振;而改穿汉服的孝文帝通过迁都改制曾让北魏政权盛极一时,但同样,孝文帝死后仅三十余年,北魏政权就迅速瓦解,走向崩溃。赵武灵王与孝文帝同为中国历史上屈指可数的、伟大的开明君主与改革先锋,但改制的成败得失至今众说纷纭,未有定论,但就服制之变,关乎祖制、礼法、人心以及存亡,却是没有任何疑义的史实与教训。了解服制与礼制生死相随的关系,就会知晓为什么明亡清始是以剃发易服为标志,而清朝覆灭、民国更新又是以辛亥革命的断发易服为标志,始以剃发易服、终以断发易服,这个中国历史上最后一个古代社会的兴亡的最典型的服制符号,是值得我们长久回味与思考的。事实上,这种思考与随之而来的争议一直延续至今,汉服之争从一开始就不是一个服装样式或风格选择的简单问题,而是由来已久的、什么样的服装才能代表华夏礼仪之邦形象的古老政治问题。

清人入关，强令剃发易服，以至于吴楚江浙接踵起义，拼死以殉其节，遂有嘉定三屠，惨绝人寰，罄竹难书。后为避免民族矛盾的过度激化，传有"十从十不从"之说，明代服装部分残存于丧葬、女服及优伶释道之中，乾隆以后，汉族女服基本满化，只图存上衣下裳两截略区分于衣裳一体的满族长袍。自甲申之难始，在清朝执政二百六十余年的时间里，深衣在中国人的实际生活中基本被废弃、淡忘。

值得注意的是，辛亥革命一声炮响宣告了清王朝的覆灭，但并没有带来深衣传统复兴的契机。而作为辛亥革命服制符号的中山装与旗袍，最终演化成为近现代中国国家礼服的代表，也许是出于对所谓两千多年的封建帝制的彻底否定，中山装的设计从一开始就与古代冠服传统彻底决裂；作为女性解放意识的自觉，旗袍在起始阶段也是试图通过与男人长袍一样的袍装来体现男女平等。辛亥革命以后的政局持续动荡与恶化，在不间断的兵变、内乱、分党相争过程中，维新或守制、立宪或革命，各种主义与思潮层出不穷，你方唱罢我登场，"旧者已亡，新者未立"，但速变或全变的急进思想最终成为变革与转型的主流意识，推翻一切传统政制、全盘以西化为"文明"，是这一时期的典型社会图景，这就是具有现代意义的中国礼仪服装设计的起始语境与政治氛围。这一与革命相关的激进的服装设计理念及其具体实践，也许可以部分说明在"驱除鞑虏、恢复中华"口号背后，作为华夏礼仪象征的服制符号——深衣传统或制度并没有因此而恢复的原因。直到今天，一提到礼仪小姐服装，相信大多数人首先想到的是旗袍，很少有人知道深衣为何物。

旗袍是近代中国女性典型服饰之一，早期的旗袍形态上下平直，具有中性的特点，至二三十年代，旗袍吸收了西式立体裁剪的方法，使女性的胸部、腰际曲线得到充分的显示，样式与用料也变得多样。由于旗袍裁剪重点强调腰身，能很好地体现中国女性身材曲线，符合传统美学中对女性美的想象；同时，对身体的得体塑造，又合乎当时西化的开明风气与潮流，所以逐渐为各界人士所接受，成为流行一时的现代女性服装样式。中华民国政府于1929年确定旗袍为国家礼服之一，[30]之后中国女性礼仪服装一直以旗袍为主。无论人们对旗袍的缘起、美感与象征性如何看待，一个不争的事实是，经过长期的、各种场合的使用，旗袍其实已是近现代中国服饰礼仪的重要符号，并得到世界范围的认知。

从亚洲服饰文化环境观察，在旗袍演变成为中国典型礼仪符号的过程中，周边国家如日本、韩国的传统服饰却依然沿袭源自华夏衣冠，特别是中国深衣的传统脉络，在各种祭祀与庆典节日中，和服、韩服传统与其他古老的典章制度一道被审慎地继承下来，成为中国深衣制度的海外遗存或流变。在外国人眼里，那些具有汉唐神韵的和服与大明风度的韩服，在今天更多地被认为是源自日本与韩国的传统，而很少有人知道它们是华夏衣冠的支庶与变体。

这就是深衣传统的历史与现代处境，我相信民间及知识阶层对深衣成为奥运礼仪服装的倡议，其实是期盼借奥运平台与契机恢复华夏深衣传统的本来面目，这一行动可以被视为许许多多振兴传统文化的复兴运动之一。在多民族平等相处、共荣共生的和谐语境中，复兴汉服本来是一件值得赞赏的好事，然而深衣制度的中断与复兴问题摆脱不了明朝与清朝的朝代更替的历史思考，而网上针锋相对的持续论战已将这一传统服饰文化复兴议题引向高度敏感的民族问题。

对于这一份影响广大的汉服倡议书，北京奥组委回应道：

在服装的设计式样上，怎么表达中国文化的元素、民族的特征，还需要设计师深入地去理解，因为中国是一个多民族的国家。不像有些举行过奥运会的国家是单一民族国家，他们可以选用民族性很强的服装式样。[31]

这一回应某种程度上显露出决策层对汉服之争可能引发的民族问题的担忧。这种担忧不无道理，在中国这样一个幅员辽阔、多民族共生的国家，汉族一直是人数最多的民族，以汉文化为主体的中华文明也是世界上延续几千年没有中断、硕果仅存的重要文化形态。然而，刻意将深衣定义为所谓"汉服"的政策层面的担忧是：一，易引发由清廷"剃发易服"文化灭绝政策所导致的长达几百年的满汉民族之间的历史积怨；二，"汉服之争"已逐渐演化为汉族与少数民族之间的华夷之分的问题，以及随之而来的复兴汉文化口号下的汉族文明优越论。

华夷之分的问题可以追溯到虞夏殷商的时代，旧说东夷、南蛮、西戎、北狄，各居四裔，而华夏在中原，遂有华夏与蛮夷之分，华夷之分的观念可谓渊源久远。然而事实却不尽然，诚如钱穆先生所见，当时的民族生存状态其实是一种华夷杂处的状态，且夷、蛮、戎、狄也不是决然不同的民族。但又确乎存在着华族与夷族在生活方式上的不同，如膳食服装和语言的不同，如姜戎氏所谓"我诸戎饮食衣服不与华同"，"言语不达"，[32] 亦有"其先晋人也，亡入戎，能晋言"。[33] 又有先为周边"蛮夷"，后与中原诸侯会盟，而成"诸夏"，如楚武王，"我蛮夷也。今诸侯皆为叛相侵，或相杀。我有敝甲，欲以观中国之政，请王室尊吾号"。[34] 可见，真实历史与实际生活中的华夷之分别远不如传说中的那样分明。定居起于耕稼，之后才有城郭宫室宗庙之营造、衣冠车马礼乐之兴盛，衣冠饮食遂区别于游牧生活形态，才有所谓华夷之别。而一朝礼崩乐坏，周边游牧部落借机侵入，又会造成王朝更迭，社会倾覆。耕稼与游牧的政经关系的对立与转化，也许才是华夷关系的本质。在这一长达几千年、持续的社会形态的变化与演进过程中，华夷通婚，文化融合，尤为习见，人种或民族意义上绝对的华夷之分其实是不存在的，是所谓"诸侯用夷礼则夷之，夷而进于中国则中国之"。[35]

血液与文化层面的民族融合与共生才是华夏民族、中国文化长生久视的基础，这多少可以解释中国的文化态度始终以和为贵的原因。在这种传统思维下的设计决策，往往是避对立，求同化，少激进，多怀柔，恶激变，喜渐进。

在北京奥运礼仪服装设计的起始阶段，决策层也认为旗袍作为一种被各行业使用已久的礼仪服装，并不是奥运礼仪服装的最好选择，并曾一度希望设计师能够创作出更能体现中国文化传统与大国风范的礼仪服装。具体的征集形式除对外公开征集之外，在中国服装设计师协会牵头下，组织了由设计院校、著名服装设计师参与的多轮奥运礼仪服装设计竞赛，并召开多次专家研讨会，期待能够有所突破。但也许是受到汉服之争所引发的民族与政治层面的争议的影响与压力，在权衡所有因素之后，决策层最终没有选择深衣作为北京奥运礼仪服装，而是基本沿用传统旗袍样式。作为对"礼仪服装将使用传统文化元素"承诺，最终出炉的礼仪服装采用了"青花瓷""国槐绿""玉脂白"等传统纹样及色彩予以体现。

这样的变通做法旨在避免潜在的风险、争取双赢：既不触动敏感问题，以避免在奥运前夕引发不必要的民族问题，又以传统元素的现代运用部分满足人们对复兴中国传统服饰文化的愿望。求同存异、共生共荣一直是我们这个古老民族的生存策略，即所谓中庸，不偏之谓"中"，不易之谓"庸"。沿用旧制，不轻易改变，极力弱化矛盾，避免冲突，古代如此，现今还是如此。

梁漱溟先生在《中国文化要义》一书中曾引万民一先生的观点，中国文化的特色在一个"安"字，修己以安人，安遂可以统摄修齐治平。"安"的功夫成为"安"的学问、"安"的政治，两千多年以来并没有什么实质性的改变。[36] 在当代中国，特别是改革开放以后，邓小平理论的两个原则之一就是"稳定高于一切"，在对改革、发展、稳定这三者关系的论述中，小平同志反复强调，只有稳定，才能有发展。中国的问题，压倒一切的是稳定，"一个是政局稳定，一个是政策稳定，两个稳定。不变也就是稳定"。[37] 传统"安"的政治演化为维稳的政治，并随着中国经济的迅速发展、贫富差距加大、群体事件激增、政治体制改革的分歧、国内外政治形势的变化等因素而逐渐强化。这也许就是北京奥运形象决策的安全策略被一再重申并贯彻始终的根本原因。

但就个人而言，尽管理性告诉我"安全奥运"的目标绝不会为一件礼仪服装的选择打开潜在的风险之门，但在情感上，对深衣最终没能成为奥运礼仪服装还是深感遗憾。在礼的最重要的物质载体中，如果说玉体现得更多的是礼制等级规范与贵族或知识阶层的趣味与追求，那么深衣的回归与展现则可以体现全体中国人日常生活中的最基本、最平易，也是最深沉的礼的传统与精神。这一传统自黄帝名百物、垂衣裳，曾经陪伴中国人连绵数千年之久，早已成为华夏民族追忆圣贤祖先、提振民族精神、塑造民族形象的不可或缺的组成部分。在深衣缺失于中国人实际生活三百六十余年之后，又一次失去了最佳的一洗屈辱与血泪的精神与文化复兴机会，这也许就是作为常服的深衣的无常命运。

奥运会的本质是一场精心策划与包装的商业赛事，品牌的商业博弈贯穿于奥运会的始终，在看似崇高的奥林匹克精神体验下，蕴含着的是深思熟虑的商业策略，以及这一策略下国际奥委会与各国奥委会、国际体育单项联合会、举办城市、奥运合作伙伴、赞助商、转播商等奥运组织机构或赞助体系之间的权力博弈。

本章以图像的权力象征为线索,分析了由国际奥委会与举办城市之间的品牌目标的差异性所导致的奥运图像策略的分歧,并简要回顾了奥林匹克品牌形象专业化发展过程中的主要节点与关键话语,特别是与奥运赛事相关的"业余"与"职业"的道德话语及其演变。对奥运会所独有的场地"清洁"原则、TOP 赞助体系及奥林匹克视觉形象系统等多重关系进行了有针对性的梳理与研讨,对奥运会组织结构与赞助体系中的权力平衡及这种平衡的非商业视觉呈现的品牌价值进行了阐释。

在此基础上的另一个相关话题,指向政府目标与群众愿景的关系,第一个案例通过对伦敦奥运会会徽发布的舆论效应的分析,提出奥运视觉形象背后的群众与权力的问题思考。针对伦敦奥运会徽,国际奥委会、伦敦奥组委的官方态度与民间舆论之间的巨大差异,反映了国际奥委会的战略目标与伦敦奥组委的城市策略的高度一致,但这种一致是以对公众愿景与话语的普遍忽略或背弃为前提的。伦敦奥运会徽看似随意轻松,是自由意志的体现,但其表象下的权力隐喻却是政府强权的体现与民众意志的丧失,从而证明了民众的"被代表"可以发生在任何语境与体制之中。奥运图像的权力话语由此可略见一斑。第二个案例,北京奥运礼仪服装"汉服之争"所涉及的与民族、历史、文化、政治相关的话题,以及所引发的社会效应,则揭示了在一致的奥运目标下群众话语、群众愿景的多义性、复杂性和随之而来的决策风险与难度。在中国,在所有重大公共形象的决策过程中,视觉的象征性始终与古老的历史意识形态纠缠在一起,在复兴中国传统文化的种种努力或口号下,沉积已久的种种历史纠结与积怨也时刻在找寻宣泄的突破口,决策的判断需要在一个更加广阔而深远的历史线索中审慎找寻相对公正的平衡点,而鉴于奥运平台的全球性质,最终的判断取舍又必然以全球国际政治背景为坐标。北京奥运形象设计决策的现实是,在决策所需的冷静与审慎过滤掉所有复兴事业常见的激情之后,最终的决策往往还是退回到起始的原点:因袭旧制,或照过去方针办。从牡丹与长城的取舍、龙的出局,到汉服(深衣)的最终落选,安全第一的古老法则始终是奥运形象设计评估与决策过程中回避风险或平抑冲突的基本思路与最终选择。

第二节 注释

1. 参见网页 http://abcnews.go.com/Sports/story?id=3247374&page=1
2. 参见网页 news.bbc.co.uk/sport2/hi/other_sports/...2012/6718243.stm
3. ［英］戴维·米勒：《从雅典到北京》，第16页。
4. 同上书，第389页。
5. *Singapore bid Presentation 2012*, 6, July, 2005
6. 参见网页 http://www.logoblog.org/wordpress/public-reaction-against-the-london-2012-olympic-logo/
7. 参见网页 http://news.ifeng.com/gundong/detail_2011_03/02/4919964_0.shtml
8. 参见网页 http://sports.sohu.com/20070606/n250420544.shtml
9. 参见网页 http://sports.people.com.cn/GB/5565800.html
10. 参见网页 http://sports.people.com.cn/GB/5565800.html
11. （南朝梁）萧子显：《南齐书》，卷十七·志第九·舆服。
12. （西汉）戴圣：《礼记》冠义第四十三。
13. 《周易》系辞下。
14. （西汉）司马迁：《史记》卷三十七·卫康叔世家第七。
15. （西汉）戴圣：《礼记》深衣第三十九。
16. （唐）杜佑：《通典》卷五十四·礼十四·沿革十四·吉礼十三。
17. （战国）孟子：《孟子》卷十二·告子下。
18. （西汉）司马迁：《史记》卷四十三·赵世家第十三。
19. （西汉）司马迁：《史记》卷四十三·赵世家第十三。
    "臣闻中国者，盖聪明徇智之所居也，万物财用之所聚也，贤圣之所教也，仁义之所施也，诗书礼乐之所用也，异敏技能之所试也，远方之所观赴也，蛮夷之所义行也。今王舍此而袭远方之服，变古之教，易古人道，逆人之心，而怫学者，离中国，故臣愿王图之也。"
20. （西汉）司马迁：《史记》卷四十三·赵世家第十三。
21. 同上。
    "夫服者，所以便用也；礼者，所以便事也。圣人观乡而顺宜，因事而制礼，所以利其民而厚其国也。夫翦发文身，错臂左衽，瓯越之民也。黑齿雕题，鳀冠秫绌，大吴之国也。故礼服莫同，其便一也。乡异而用变，事异而礼易。是以圣人果可以利其国，不一其用；果可以便其事，不同其礼。儒者一师而俗异，中国同礼而教离，况于山谷之便乎？故去就之变，智者不能一；远近之服，贤圣不能同。穷乡多异，曲学多辩。不知而不疑，异于己而不非者，公焉而"

众求尽善也。今叔之所言者俗也，吾所言者所以制俗也。"

22　（西汉）司马迁：《史记》卷四十三·赵世家第十三。

23　（北齐）魏收：《魏书》卷二十一上·列传第九上。

24　（北齐）魏收：《魏书》卷十九中·列传第七中。

25　（北齐）魏收：《魏书》卷二十二·列传第十。

26　钱穆：《国史大纲》，北京：商务印书馆，2010，第282—283页。

27　（北齐）魏收：《魏书》卷十九中·列传第七中·景穆十二王·任城王。

28　同上。

29　（西汉）司马迁：《史记》卷七十三·白起王翦列传第十三。

30　1929年《民国服制条例》第二条"女子礼服"。

31　参见网页 http://news.sohu.com/20070524/n250201212.shtml

32　（元）马端临：《文献通考》卷二百六十四·封建考五·春秋列国传授本末事迹·戎。

33　（西汉）司马迁：《史记》卷五·秦本纪第五。

34　（西汉）司马迁：《史记》卷四十·楚世家第十。

35　（唐）韩愈：《原道》。

36　梁漱溟：《中国文化要义》，上海人民出版社，2005，第十章。

37　邓小平：《邓小平文选》第3卷，北京：人民出版社，2001，第217页。

图 5-01,北京奥运会核心图形"祥云"过程草稿

结　语　云的世界

图 5-02，本书作者修改"祥云"草图

本书以北京奥运形象设计中的传统图像研究为主题，分析了北京奥运形象设计过程中的图像选择与设计策略、设计组织机制、设计评审标准与审核机制，以及图像的权力象征等问题。

安全策略是北京奥运形象设计被提升到设计国家形象的政治高度与国家安全高度的必然选择，因此在实际执行过程中，安全策略成为所有图像选择与设计行动的前提，而出于矫枉过正的本能与惯性，对所有传统图像选择的安全思考最终会演化为以"务必""确保"为关键词，通过规避、取消等硬性方式体现的最高安全标准。无论是"牡丹替代了长城"，还是"凤取代了龙"，抑或是文字方面的"缶""祝"之辩、"永""京"之辩，官方图像战略思考的根本是形象象征的安全问题，是与形象相关的国家安全问题。在我看来，传统图像与文字的象形性、多义性所产生的不确定性，是图像安全策略实施的文化根源；传统图像的象征性与中国古代礼制、民间礼俗的深度关联，是图像安全策略实施的政治历史根源，而2008年北京奥运的全球影响预期，则是安全策略实施的国际政治因素。可以说，整个北京奥运形象设计就是在这样一种审慎戒备的安全意识与氛围中展开的。对传统图像的所有梳理、发微以及再创作，都是为了将中国传统文化与观念生发、推演成为合乎当下国际政治趋势与文化潮流的更宽泛、更具开放性的普世价值。唯有如此，才能将民族传统或区域文化转化为具有国际影响力的文化软实力，这就是北京奥运形象设计的基本定位与最终目标。因此，在传统图像的选择、图像象征性阐释的表象下，是中西话语间的观念平衡、传统象征与现代寓意的关系平衡，以及围绕这一平衡所涉及的所有的人与事的权力平衡。

在北京奥运形象设计种种创作组织方式中，最值得关注的是，一些关键性的奥运形象元素的设计与整合采用了体制内的集体创作形式，如吉祥物、体育图标、海报、核心图形等。集体创作形式旨在一切以国家利益为重，调动一切可以调动的力量，不惜一切代价，以体制优势进行设计攻关。这种模式的确解决了北京奥运形象设计时间紧、任务重、经验少、能力弱等现实问题，于是集体创作由于其实效性而被视为北京奥运形象设计诸多创新中的一种组织创新。但这种以集体主义、义务本位为基础的工作模式在当下社会环境中，不可避免地产生设计师个体与组织的权益问题，在北京奥运期间发生的多起奥运设计师原创之争的舆论风波，大都与此相关。律于内还是治于外？自律还是法制？对于这一个体与组织的权益问题的思考，让我重新回到权与法的中西缘起，我相信，源自不同地理气候与礼俗环境的不同的社会组织与管理方式，决定了中国与西方社会在权与法层面迥异的思考方式与最终的行为方式。沿着这样的思路，我进一步追寻礼法之辨的中国历史线索，推究家国天下等传统语境中个体与群体关系的中国范式。事实是，在中国古代礼与法的双重语境中，均不存在类似西方法律范畴的个人权利或自由的概念，中国式个体权益的获得从来不是采取硬性的自我权利主张，而是在个体对群体、对他人的多重义务关系与责任付出过程中自然而然地获得，这是一个以血亲关系、义务本位为基础的、伦理自律的社会组织形态所特有的权力意识。作为这种意识的社会延伸，形成了中国纲常伦理中以礼服人、以德服人的规制，民俗传统中依靠人情、人性解决民事纠纷的徇情方式，以及治国方略中"以德治国"的长期口号。无论是中国古代社会的礼法意识、礼俗传统，还是往往流于形式的德治精神，均强有力地一直延续至今，未见本质改变。北京奥运设计过程中林林总总的设计师权益之争的缘起、解决方式及其结果，便是这一传统意识的现代流变或流弊。

在我看来，北京奥运形象的质量控制取决于三个层面：一，设计师的专业素质与作业方式。二，政策目标与设计标准。三，评审机制。就设计师而言，为了能最大限度地让自己的作品生存下去，普遍采取了以作品数量博取生存几率的数量策略。数量策略虽然看似低端，但却是所有重大国家项目设计竞赛中最常见也是最有效的竞争方式，这一方式也是形象设计上升到设计国家形象层面的必经之路，因为只有通过以群体的方式累积所有可能的方案，层层挑选与评估，才能让各种元素或形式背后的象征寓意得到多层次的论证与生华，最终得以与政策目标对接，从而成为国家形象的视觉阐释。但就专业性而言，作品的最终质量还取决于设计师对政策目标的理解程度、阐释能力以及原创的独特性。

在具体设计过程中的美学取向不仅决定了作品的趣味与格调，更会对设计标准与最终的传播效应带来重大影响。在对典型的奥运形象元素设计案例的美学分析过程里，本书揭示了高等院校设计团队所特有的美学精英化倾向与大众传播实际需求之间的距离及成因，进而研讨了美学标准与设计决策、国家形象的视觉传播之间的关系，以及特定美学标准下的设计实践对公共资源的利用及利用方式的影响。

北京奥运形象设计评审是一个综合各方观点、意见，平衡各方需求、权益的公共决策过程，本书对北京奥运形象设计评审的组织框架、程序及主要审核节点进行了一般性的论述，并将重点放在评审机制中的个人或部门因素对设计决策的影响力，以及集体决策的独立性等问题的思考上。在我看来，集体审核过程中的个人或部门因素所导致的偶发性、随机性，会对设计决策产生出人意料的重大影响；同时，北京奥运集体创作、集体评议、集体决议，又对最终保持北京奥运形象景观统一性及视觉质量具有重要作用与现实意义。这一看似矛盾的结论确是北京奥运设计决策的事实。

在本书的最后一章中，以图像的权力象征为线索，掀开奥林匹克运动惯有的神圣面纱，回归到现代奥运会的商业本质，分析研讨了作为权力象征的奥林匹克品牌的商业运作与形象策略之间的关系，并特别讨论了奥林匹克形象价值过程中相关的政府机构、国际及区域体育组织、商业机构之间的权力博弈与利益平衡等重要话题。对奥运会所独有的场地"清洁"原则、TOP赞助体系及形象景观系统等与奥运品牌视觉形象相关的多重关系，进行了有针对性的梳理与研讨。在受众的一端，我则把重点放在政府奥运目标与群众愿景的关系探讨上，希望能通过伦敦奥运会徽之争与北京奥运的"汉服之争"的案例分析，部分地体现被政府与商业的奥林匹克目标掩盖的芸芸众生的呼声，以及发声的方式，我相信这才是与崇高无关的奥林匹克的世俗真相。而在对北京奥运礼仪服装的"汉服之争"案例的持续分析过程中，我的研究似乎又回到起始阶段：本书图像研究的起始语境——礼俗与安全话语，再次成为"汉服之争"的研究缘起与结论。无论是早至战国时代的赵武灵王的胡服争议、北魏孝文帝的汉服争议，还是如今北京奥运的"汉服之争"，从古到今，服制礼俗与种族存亡、家国兴衰的关系思考一直如影随形、从未中断——我们依然活在礼的传统或惯性之中，无论是意识、潜意识层面，还是具体行为或行动方式。作为对这种周而复始、如影随形的感受的总结，我希望能以最典型的奥运形象元素——云的话题，作为本书的结束。

核心图形"祥云"的运用，让云成为绝大多数人对北京奥运最深刻的视觉印象与文化记忆。"云"字会意，从雨，从云。在农耕社会的古代中国，看云识天气是与家国天下息息相关的头等大事，兴云播雨，才有五谷丰登，瓜瓞绵绵，子孙万代。云由气生，随风而动，融顺万物，变化万千，从最私密的个人生活的隐喻，到大的社会格局的动荡比附，云一直是中国人实际生活与理想世界最重要的象征图像。在智者的眼里，云意味着一切变数与可能，在云的些微变化中隐含着大的征兆与趋势，并乐观其变。这也许可以部分地揭示为何"祥云"如此深受国人喜爱，以及北京最终选择"祥云"的理由。

卡尔·波普尔在《客观的知识》中说过："我们可以用钟代表一种有规则、有秩序、可以充分预测的系统，用云代表非常不规则、毫无秩序、难以预测的系统。把云放在左端，把钟放在右端，许多事物、许多自然过程和自然现象可以放在这两个极端的中间。"[1]这一对云与钟的关系描述，让我想起北京奥运形象设计过程中林林总总的项目时间表，这些用来规定或控制项目进程的时间表大都没有被严格执行，有的干脆就是摆设，这种缺乏精确时间或干脆无时间概念的随意态度，曾让国际奥委会的官员与形象专家难以理解并惴惴不安，但他们又不止一次地见识到，看似混乱、低效、根据往届经验肯定要出事的或完不成的设计工程，在最后一刻奇迹般完成，最终的结果还好得令人惊叹。

另一方面，历数北京奥运的形象元素，有玉、篆字、印章、凤纹、云纹、牛、羚羊、风筝、熊猫、火娃，等等，这些元素是由不同的设计师或设计团队提出的，许多元素之间风马牛不相及，风格更是相去甚远，但奇妙的是，当它们最终整合在一起时，并没有出现之前担忧的支离破碎的局面，所有的元素最终以一种奇妙的共生方式连接在一起，也许还达不到和谐，但至少彼此相安无事。这是一个至今仍然健在的古老文明所特有的智慧神通与存在方式，云的世界，看似没有规律、变幻莫测，但可能是以一种更为复杂、难以描述的钟的方式在运转；而从一个更为广阔与开放的系统中俯瞰，所有看似有规律的钟，其实只是局限于某个封闭系统的有限存在或干脆是对不确定性的刻意回避，这就是所谓的"所有的云都是钟"或"所有的钟都是云"的奥意吧。在这一层次上，本书中的所有对传统的思考与见识，又不可避免地陷入一种虚无的情绪："穷诸玄辩，若一毫置于太虚；竭世枢机，似一滴投于巨壑。"

写作之初，许平教授曾抱以厚望，希望我能将奥运形象设计实践研究上升到国家公共设计政策研究的理论高度，但我的学术功力尚浅不足，最终的结果可能与许平教授的期许尚有不小的差距。有关北京奥运形象设计的专题研究尚处发轫，本书不揣浅陋，略呈管见，希望能抛砖引玉，以待学界同仁教正并进一步推究发微。

此外，虽然本书对北京奥运形象设计做了力所能及的一点分析与研究，但在内心深处，我认为现在分析评判北京奥运形象设计的质量与意义还为时尚早，我们需要相对长一点的时间过程去沉淀亢奋的情绪与无谓的争议。但有一点是肯定的，北京在以欧洲文化为主流的奥林匹克历史上，留下了鲜明的中国文化与艺术遗产，它的价值与意义会随着时间的流逝逐渐显现出来。

结语 注释

1 [英]卡尔·波普尔:《客观的知识》,杭州:中国美术学院出版社,2003,第209页。邱仁宗编著:《科学方法和科学动力学》,北京:知识出版社,1984,第78页。

主要参考文献

一、 中文文献

001　许平、王敏、杭海:《铸就中国奥运形象的设计品牌——中央美术学院设计学院的奥运设计与教学实践》,《美术》,2008 年第 10 期。

002　千哲、倪罡:《北京奥运会形象景观色彩的设计与应用》,《装饰》,2009 年第 11 期。

003　王子源:《暗香——2008 北京奥运核心图形设计方案之回顾》,《设计艺术》,2008 年第 9 期。

004　(宋)郑樵:《通志二十略》图谱略第一。

005　《周易》系辞上、下。

006　(清)张廷玉等:《明史》卷六十六·志第四十二。

007　(春秋)左丘明:《国语》卷五·鲁语下。

008　《清高宗实录》卷一〇四八。

009　《清史稿》卷二百十八·列传五·诸王四。

010　(清)曹雪芹:《红楼梦》第一回。

011　(西汉)司马迁:《史记》卷三·殷本纪第三。

012　(春秋)左丘明:《左传·昭公十七年》。

013　(西汉)司马迁:《史记》卷八·高祖本纪第八。

014　(明)邱濬:《大学衍义补》卷三十六,四库全书本。

015　(西汉)戴圣:《礼记》乐记第十九。

016　(西汉)司马迁:《史记》卷二十三·礼书第一。

017　(汉)许慎:《说文解字》一〇九上,北京:中华书局,1981。

018　《周礼》春官宗伯第三。

019　(西汉)司马迁:《史记》卷八十一·廉颇蔺相如列传第二十一。

020　(汉)许慎:《说文解字》一二四上,北京:中华书局,1981。

021　(春秋)孔丘:《尚书》虞书·益稷第五。

022　(汉)郑玄注、(唐)贾公彦疏:《周礼注疏》卷二十三。

023　(春秋)左丘明:《左传》襄公(元年—三十一年)。

024　(西汉)戴圣:《礼记》经解第二十六。

025　(春秋)孔丘:《论语》子路第十三。

026　(西汉)戴圣:《礼记》祭法第二十三。

027　（汉）郑玄注、（唐）孔颖达疏：《礼记正义》卷四十六·祭法第二十三。

028　（晋）陈寿：《三国志》卷十二·魏书十二。

029　《胡中藻等俟拿解到京大学士等审拟谕》，《清代文字狱档》第一辑，上海书店出版社，2011。

030　孙德萱、丁清贤、赵连生、张相梅：《1988年河南濮阳西水坡遗址发掘简报》，《考古》，1989年第12期。

032　（汉）许慎：《说文解字》二四五下，北京：中华书局，1981。

033　（魏）王弼等注、（唐）孔颖达疏：《周易正义》系辞下卷八。

034　（西汉）司马迁：《史记》卷十二·孝武本纪第十二。

035　（明）陈洪谟：《治世余闻》下篇卷四，《纪录汇编》本。

036　（汉）郑玄注、（唐）孔颖达疏：《礼记正义》卷二十八·内则第十二。

037　（汉）孔安国传、（唐）孔颖达疏：《尚书正义》卷五·益稷第五。

038　（南朝梁）萧统：《昭明文选》。

039　（战国）佚名：《山海经·南山经》。

040　（西汉）司马迁：《史记》卷二十四·乐书第二。

041　（唐）欧阳询：《艺文类聚》卷七十八·灵异部上。

042　（汉）魏伯阳：《周易参同契》卷上·洪武十三年。

043　（唐）房玄龄等：《晋书》卷二十三·志第十三。

044　（宋）曾慥编纂：《道枢》卷三十三。

045　（清）赵学敏：《凤仙谱》上，昭代丛书别集本。

046　（汉）郑玄注、（唐）孔颖达疏：《礼记正义》卷三十七·乐记第十九。

047　（汉）许慎：《说文解字》十上，北京：中华书局，1981。

048　（战国）佚名：《山海经》卷十六·大荒西经。

049　（战国）佚名：《山海经》卷二·西山经。

050　（战国）佚名：《穆天子传》卷二、卷三。

051　（西汉）司马迁：《史记》卷一百二十三·大宛列传第六十三。

052　（北齐）魏收：《魏书》卷一百二·列传第九十。

053　（五代）平居诲：《于阗国行程记》一卷。

054　（宋）欧阳修、宋祁等：《新唐书》卷二百二十一上·列传第一百四十六上。

055　（元）脱脱等：《宋史》卷一百二十二·志第七十五。

056　（清）张廷玉等：《明史》卷三百三十二·列传第二百二十。

057　（西汉）戴圣：《礼记》玉藻第十三。

058　（西汉）董仲舒：《春秋繁露》卷七。

059　（西汉）戴圣：《礼记》中庸第三十一。

060	《古玉新诠》，中国科学院《历史语言研究所集刊》第二十本，下册，1949。
061	（晋）王嘉：《拾遗记》一卷。
062	（宋）张邦基：《墨庄漫录》卷九，《笔记小说大观》本。
063	（战国）佚名：《山海经·西山经》。
064	（西汉）刘向集：《楚辞》九章。
065	（汉）郑玄注、（唐）孔颖达疏：《礼记正义》序。
066	（汉）许慎：《说文解字》十二上，北京：中华书局，1981。
067	（战国）韩非：《韩非子》和氏第十三。
068	（晋）杜预注、（唐）孔颖达疏《春秋左传正义》卷十六（僖二十五年，尽二十八年）。
069	《周礼》冬官考工记第六。
070	（汉）郑玄笺、（唐）孔颖达疏：《毛诗正义》卷三（三之二）。
071	孔庆伟：《周代用玉制度研究》，上海古籍出版社，2008。
072	（汉）许慎：《说文解字》二〇二上、下，北京：中华书局，1981。
073	（东汉）王充：《论衡》卷十七·是应篇第五十二。
074	（南朝宋）范晔：《后汉书》志第三十·舆服下。
075	（西汉）戴圣：《礼记》中庸第三十一。
076	（汉）郑玄注、（唐）孔颖达疏：《礼记正义》卷五十二·中庸第三十一。
077	（唐）唐玄宗注、（宋）邢昺疏：《孝经注疏》卷六·广要道章第十二。
078	（唐）唐玄宗注、（宋）邢昺疏：《孝经注疏》卷七·广至德章第十三。
079	梁治平：《法辨》，北京：中国政法大学出版社，2002。
080	（南朝宋）范晔：《后汉书》卷六十四·吴延史卢赵列传第五十四。
081	（战国）孟子等：《孟子》卷三·公孙丑上。
082	李兆忠：《玉璧与天安门——关于国徽设计的回顾与思考》，《书屋》，2010年第2期。
083	祝勇：《张仃确定用天安门做国徽主要图案的设计思想》，《检察日报》，2009年9月19日。
084	朱畅中：《国徽诞生记》，《文汇报》，1995年10月17日。
085	林洙：《梁思成、林徽因设计国徽始末》，《中华读书报》，1997年10月1日。
086	《任继愈先生投书本报指出，国徽设计者应是高庄》，《中华读书报》，1997年10月15日。
087	赵晋华：《国徽设计者到底是谁》，《中华读书报》，1998年2月6日。
088	（西汉）司马迁：《史记》卷二十四·乐书第二。
089	（西汉）戴圣：《礼记》乐记第十九。

090 （春秋）孔丘：《论语》泰伯第八。

091 （战国）庄子：《庄子》外篇·天道第十三。

092 （战国）韩非：《韩非子》和氏第十三。

093 （西汉）戴圣：《礼记》聘义第四十八。

094 （南朝梁）萧子显：《南齐书》卷十七·志第九·舆服。

095 （西汉）戴圣：《礼记》冠义第四十三。

096 （西汉）司马迁：《史记》卷三十七·卫康叔世家第七。

097 （西汉）戴圣：《礼记》深衣第三十九。

098 （唐）杜佑：《通典》卷五十四·礼十四·沿革十四·吉礼十三。

099 （战国）孟子：《孟子》卷十二·告子下。

100 （西汉）司马迁：《史记》卷四十三·赵世家第十三。

101 （北齐）魏收：《魏书》卷二十一上·列传第九上。

102 （北齐）魏收：《魏书》卷十九中·列传第七中。

103 （北齐）魏收：《魏书》卷二十二·列传第十。

104 钱穆：《国史大纲》，北京：商务印书馆，2010。

105 （西汉）司马迁：《史记》卷七十三·白起王翦列传第十三。

106 1929年《民国服制条例》第二条"女子礼服"。

107 （元）马端临：《文献通考》卷二百六十四·封建考五·春秋列国传授本末事迹。

108 （西汉）司马迁：《史记》卷五·秦本纪第五。

109 （西汉）司马迁：《史记》卷四十·楚世家第十。

110 （唐）韩愈：《原道》。

111 梁漱溟：《中国文化要义》，上海人民出版社，2005。

112 邓小平：《邓小平文选》第3卷，北京：人民出版社，2001。

二、 外文原文文献

001 Wei Yew , *The Olympic Image—— the first 100 years*, Quon Editions, 1996.

002 Margaret Timmers, *A Century of Olympic Posters* , Victoria & Albert Museum, 2008.

003 Gail Deibler Finke, *Festival Graphics* , North Light Books, 1999.

004 Alina Wheeler, *Designing Brand Identity*, Wiley, 2006.

005 Michael Payne, *Olympic Turnaround: How the Olympic Games Stepped Back from the Brink of Extinction to Become the World's Best Known Brand* , Praeger, 2006

006 Alan Tomlinson, *National Identity And Global Sports Events: Culture, Politics, And*

Spectacle in the Olympics And the Football World Cup, State University of New York Press, 2006.

007 Victor D. Cha, *Beyond the Final Score: The Politics of Sport in Asia*, Columbia University Press, 2008.

008 *Die Spiele*, The official report of the Organizing Committee for the Games of the XXth Olympiad Munich 1972 issued by pro Sport München.

009 *MEXICO68*, Produced by the Organizing Committee of the Games of the XIX Olympiad 1969.

010 Rudolf Arnheim, *Art and Visual Perception*, the new vision, California, 1974.

011 *OLYMPIC GAMES IDENTIFICATION PROJECT (OGIP)*, Prepared for the International Olympic Comittee by Iconologic, 2005.

012 *Game Time Volunteer package2*, Adidas, 2006.

三、外文翻译文献

001 ［英］大卫·米勒《从雅典到雅典：奥运会和国际奥委会的官方历史，1894—2004，Mainstream Edition，2003。

002 ［德］埃利亚斯·卡内提：《群众与权力》，北京：中央编译出版社，2002。

003 ［古希腊］柏拉图：《理想国》，北京：中国对外翻译出版公司，2006。

004 ［古希腊］亚里士多德：《政治学》，北京：人民出版社，2010。

005 ［荷兰］斯宾诺莎：《政治论》，北京：商务印书馆，1994。

006 ［法］孟德斯鸠：《论法的精神》上卷，北京：商务印书馆，2009。

007 ［美］约瑟夫·S. 奈：《硬权力与软权力》，北京大学出版社，2005。

008 ［美］鲁道夫·阿恩海姆：《视觉思维》，北京：光明日报出版社，1987。

009 ［美］鲁道夫·阿恩海姆：《艺术与视知觉》，北京：中国社会科学出版社，1984。

010 ［美］塞缪尔·亨廷顿：《文明的冲突与世界秩序的重建》，北京：新华出版社，2002。

011 ［古希腊］柏拉图：《法律篇》，上海人民出版社，2002。

012 ［古希腊］亚里士多德：《政治学》，北京：商务印书馆，2009。

013 ［法］孟德斯鸠：《论法的精神》上册，北京：商务印书馆，2009。

014 ［英］赫·乔·韦尔斯：《世界史纲》，桂林：广西师范大学出版社，2001。

015 ［法］卢梭：《社会契约论》第一卷，北京：商务印书馆，2009。

016 《雅典奥组委（ATHOC）形象和景观工程研讨会总结》，国际奥委会奥运会知识服务公司，2003。

四、引用网址

001　http://www.britannica.com/bps/dictionary？query=image
002　http://news.sohu.com/08/59/news145265908.shtml
003　http://bbs.house365.com/shtml/b346/1993318_1.htm
004　http://www.tianya.cn/publicforum/content/sport/1/139458.shtml
005　http://paper.people.com.cn/rmrbhwb/html/2011-01/18/content_726793.htm？div=-1
006　http://chinese.visitkorea.or.kr/chs/CU/CU_CHG_3_4_5_1.jsp
007　http://www.beijing2008.cn/spirit/beijing2008/graphic/n214068869.shtml
008　http://blog.sina.com.cn/s/blog_5054769e0100lby1.html？tj=1
009　http://news.163.com/06/1204/02/31FD09GV0001124J.html
010　http://www1.tianyablog.com/blogger/post_show.asp？
011　idWriter=0&Key=0&BlogID=710259&PostID=16094907
012　http://blog.sina.com.cn/s/blog_489548eb0100bdd2.html？tj=1
013　http://sports.cctv.com/special/tunbing/01/index.shtml
014　http://www.beijing2008.cn/news/official/preparation/n214287802.shtml
015　http://sports.sina.com.cn/s/2008-01-10/10481344928s.shtml
016　http://news.sina.com.cn/china/2000-2-2/58743.html
017　http://www.people.com.cn/GB/paper53/6585/645261.html
018　http://sports.eastday.com/epublish/gb/paper346/20020818/class034600002/hwz804631.htm
019　http://www.beijing2008.cn/live/pressconference/pool/mpc/n214459928.shtml
020　http://www.yzpi.net/zn01-4-5.htm
021　http://www.legaldaily.com.cn/zbzk/wc/fzwcj737/fwf/737f1.htm
022　http://www.people.com.cn/GB/paper53/6585/645261.html
023　http://live.people.com.cn/note.php？id=808100310140648_ctdzb_001&rand=1268318533
024　http://news.xinhuanet.com/olympics/2008-08/02/content_8904339.htm
025　http://2008.sohu.com/20070210/n248163814.shtml
026　http://finance.people.com.cn/GB/7860741.html
027　http://dangshi.people.com.cn/GB/144956/10081856.html
028　http://abcnews.go.com/Sports/story？id=3247374&page=1
029　http://news.bbc.co.uk/sport2/hi/other_sports/...2012/6718243.stm

030　http: //www.logoblog.org/wordpress/public-reaction-against-the-london-2012-olympic-logo/

031　http: //news.ifeng.com/gundong/detail_2011_03/02/4919964_0.shtml

032　http: //sports.people.com.cn/GB/5565800.html

033　http: //news.sohu.com/20070524/n250201212.shtml

034　http: //www.tianya.cn/publicforum/content/funinfo/1/1174733.shtml

035　http: //www.britannica.com/bps/search?query=Phoenix

036　http: //www.oceansunfish.org/lifehistory.php

图片来源

第一章

1-01 国家体育场"鸟巢"(中央美术学院奥运艺术研究中心提供)

1-02 本书作者在指导火炬接力珠峰景观设计(中央美术学院奥运艺术研究中心提供)

1-03 2008年人民大会堂北京奥运欢迎午宴背景板设计(牡丹)(http://www.chinaqw.com/hqhr/hrsj/200808/14/127222.shtml)

1-04 背景板早期设计方案("鸟巢"与长城)(中央美术学院奥运艺术研究中心提供)

1-05 香港"亚洲国际都会"标志(http://www.people.com.cn/GB/paper49/3347/429774.html)

1-06 奥运海报"京剧人物抱拳"(中央美术学院奥运艺术研究中心提供)

1-07 北京奥运核心图形设计方案"唐图"(中央美术学院奥运艺术研究中心提供)

1-08 "唐图"核心图形切割使用(中央美术学院奥运艺术研究中心提供)

1-09 "唐图"核心图形切割示意(中央美术学院奥运艺术研究中心提供)

1-10 "中国图"图形切割运用示意(中央美术学院奥运艺术研究中心提供)

1-11 北京奥运核心图形设计方案"天人合一"(中央美术学院奥运艺术研究中心提供)

1-12 北京奥运核心图形设计方案"云祥水吉"(中央美术学院奥运艺术研究中心提供)

1-13 "天人合一"图形运用举例(中央美术学院奥运艺术研究中心提供)

1-14 北京奥运中国女子花样游泳队队服上的龙纹(http://2008.sohu.com/20080820/n259033187.shtml)

1-15 北京奥运中国乒乓球队队服上的龙纹(http://2008.sina.com.cn/cn/tt/2008-08-25/1650259998.shtml)

1-16 明末秦良玉红绸盘金绣花蟒凤纡衣(重庆博物馆藏,中央美术学院奥运艺术研究中心提供)

1-17 "凤穿祥云"的早期设计稿(中央美术学院奥运艺术研究中心提供)

1-18 身着火炬制服的北京服装学院学生(中央美术学院奥运艺术研究中心提供)

1-19 北京奥运火炬接力核心图形红色系(中央美术学院奥运艺术研究中心提供)

1-20 北京奥运火炬接力核心图形"凤穿祥云"(中央美术学院奥运艺术研究中心提供)

1-21 北京奥运火炬接力核心图形黄色系(中央美术学院奥运艺术研究中心提供)

1-22 北京奥运奖牌尺寸图(正面、背面)(中央美术学院奥运艺术研究中心提供)

1-23 北京奥运奖牌设计及视觉来源(中央美术学院奥运艺术研究中心提供)

1-24 中央美术学院奥运奖牌设计小组工作现场(中央美术学院奥运艺术研究中心提供)

1-25　西汉，玉双龙蒲纹璜（中央美术学院奥运艺术研究中心提供）
1-26　本书作者绘制的奖牌挂钩修改草图（中央美术学院奥运艺术研究中心提供）

第二章

2-01　在上海造币厂组装完成的北京奥运奖牌（中央美术学院奥运艺术研究中心提供）
2-02　北京奥运形象景观设计团队在"鸟巢"现场（中央美术学院奥运艺术研究中心提供）
2-03　北京申奥标志（中央美术学院奥运艺术研究中心提供）
2-04　2012年伦敦奥运会会徽（http://www.london2012.com/about-us/our-brand/index.php）
2-05　2012年伦敦残奥会会徽（中央美术学院奥运艺术研究中心提供）
2-06　2012年伦敦奥运会体育图标（http://www.london2012.com/games/olympic-sports/index.php）
2-07　2012年伦敦奥运会吉祥物（http://www.london2012.com/mascots）
2-08　雅典奥运会设计团队的组织结构图
2-09　梁思成、林徽因"玉璧"国徽设计方案（http://www.china.com.cn/aboutchina/zhuanti/zg365/2009-09/18/content_18550573.htm）
2-10　张仃"天安门"国家设计方案（中央美术学院奥运艺术研究中心提供）

第三章

3-01　北京奥运体育图标设计（中央美术学院奥运艺术研究中心提供）
3-02　中央美术学院奥运火炬设计方案"颂"（中央美术学院奥运艺术研究中心提供）
3-03　中央美术学院奥运奖牌设计方案"佩玉"（中央美术学院奥运艺术研究中心提供）
3-04　联想奥运火炬设计方案"祥云"（中央美术学院奥运艺术研究中心提供）
3-05　北京奥运色彩系统（中央美术学院奥运艺术研究中心提供）
3-06　1972年慕尼黑奥运会色彩（中央美术学院奥运艺术研究中心提供）
3-07　雅典奥运会核心图形"Panorama"及切割运用（中央美术学院奥运艺术研究中心提供）
3-08　都灵冬奥会核心图形"Piazza"及切割运用（中央美术学院奥运艺术研究中心提供）
3-09　北京奥运核心图形"祥云"修改过程图（中央美术学院奥运艺术研究中心提供）
3-10　中央美术学院团队设计的北京奥运核心图形"祥云"色彩（中央美术学院奥运艺术研究中心提供）

3-11　北京奥组委内部团队最终修改的核心图形色彩（中央美术学院奥运艺术研究中心提供）
3-12　北京奥运"圣火号"飞机机身上的"凤穿祥云"核心图形（中央美术学院奥运艺术研究中心提供）
3-13　"花样游泳"体育图标（中央美术学院奥运艺术研究中心提供）
3-14　毛公鼎拓片（西周晚期）（中央美术学院奥运艺术研究中心提供）
3-15　北京奥运会体育图标"篆书之美"（中央美术学院奥运艺术研究中心提供）
3-16　身着奥运体育图标T恤的中央美术学院奥运艺术研究中心设计师（中央美术学院奥运艺术研究中心提供）
3-17　北京2008年奥运海报（中央美术学院奥运艺术研究中心提供）
3-18　北京奥运体育图标设计（中央美术学院奥运艺术研究中心提供）
3-19　北京奥运指示系统图标设计（中央美术学院奥运艺术研究中心提供）
3-20　各类指示牌一览1（中央美术学院奥运艺术研究中心提供）
3-21　各类指示牌一览2（中央美术学院奥运艺术研究中心提供）
3-22　北京奥运火炬接力车体设计方案（中央美术学院团队设计方案、大众汽车团队设计方案）（中央美术学院奥运艺术研究中心提供）
3-23　北京奥运"圣火号"专机设计最终稿（中央美术学院奥运艺术研究中心提供）
3-24　北京奥运火炬接力形象景观系统设计（中央美术学院奥运艺术研究中心提供）
3-25　北京奥运火炬接力现场（中央美术学院奥运艺术研究中心提供）

第四章

4-01　国家体育馆"鸟巢"场内景观实景（中央美术学院奥运艺术研究中心提供）
4-02　同上
4-03　同上
4-04　国家体育馆形象景观深化设计图（中央美术学院奥运艺术研究中心提供）
4-05　国家体育馆前期深化效果图与完成后的实景照片（中央美术学院奥运艺术研究中心提供）
4-06　北京奥运会的"清洁"场馆（中央美术学院奥运艺术研究中心提供）

结语

5-01　北京奥运核心图形"祥云"过程草稿（中央美术学院奥运艺术研究中心提供）
5-02　本书作者修改"祥云"草图（中央美术学院奥运艺术研究中心提供）

后 记

2004年，我作为中央美术学院设计学院第一届博士研究生之最年长者，跟随许平教授学习，几乎同时，我开始参与长达四年的北京奥运形象设计的系列竞标工作。这期间，几乎所有的时间与精力全都透支于没完没了的设计、提案、再设计、再提案的繁重而没有尽头的工作中。本书的写作计划被一拖再拖，直到2008年底才有机会与许平教授讨论本书的主题，之后我又接到2011年深圳世界大学生运动会形象设计的任务，写作时断时续，但在许平教授的耐心引导与开示下，主题及框架逐渐理出头绪。

在第一次研讨中，许平教授关于"云与钟"话语的议论激发了我对北京奥运形象设计研究的全新思考；之后关于"设计与权力"主题讨论则让本书的写作方向充满挑战性；许平教授对中国公共设计政策的持续关注则扩展了我的眼界，让本书的研究保持了必要的政策高度。自始至终，许平教授以他特有的涵养功夫给予我足够多的思考空间与足够长的时间等待，使得本书的写作最终能在七年之后得以完成。许平教授亦师亦友，他对我的宽容与帮助已远远超过导师所应该做的。

谭平教授是我1997年来美院教书的推荐人，他的推荐改变了我的人生。他关于艺术与设计关系的诸多观点深刻地影响了我的奥运设计实践。作为主管院长，他对我本人及奥运团队的全力支持让我永志难忘。

本书的写作缘起与王敏教授密切相关，王敏教授是我所遇到过的最有涵养与包容精神的学者之一，正是由于他用人不疑的持续信任与支持，我才有机会参与北京奥运形象设计，并在长达四年的奥运形象设计竞赛中带领团队走出困境、创造奇迹。这种贯彻始终的深度参与，使得我的写作获得了只有奥运设计实践者才能有的体验与思考，并促使我下决心将这种体验与思考付诸实际的写作。

周至禹教授作为我最敬重的学者之一，百忙之中通读全书，仔细确认每一处细节，对本书图像象征研究的历史脉络与引证问题给予重要意见，他关于"九鼎"的提议让本书的起始篇章更具博大格局与文化深意。

我的好友，原北京奥组委文化活动部景观处长马晓芳对本书中涉及时间与组织过程的记忆错讹予以纠正，我的学生胡小妹作为原北京奥组委内部设计团队的一员，为我收集整理了大量北京奥组委的内部文件，师弟海军给予建设性建议，奥运中心同学对本书写作提供了诸多支持，一并深致谢意。

最后想说的是，本书的所有思考，建立在中央美术学院师生团队在北京奥运设计竞赛中的天才发挥与艰辛努力之上，也得益于从各种合作者或竞争对手那里获得的宝贵经验与教训。"法不孤起，仗境方生。"感谢所有人与事对本书的助缘。

2017 年 1 月修订于北京香颂听雨楼

图书在版编目(CIP)数据

以图像的名义:北京2008年奥运会形象设计研究 / 杭海著. — 北京:北京大学出版社, 2018.5
(培文·设计)
ISBN 978-7-301-29301-0

Ⅰ.①以… Ⅱ.①杭… Ⅲ.①夏季奥运会 – 形象 – 设计 – 研究 – 北京 – 2008 Ⅳ.①G811.211

中国版本图书馆CIP数据核字(2018)第037036号

书　　名	以图像的名义:北京2008年奥运会形象设计研究 YI TUXIANG DE MINGYI: BEIJING 2008 NIAN AOYUNHUI XINGXIANGSHEJI YANJIU
著作责任者	杭海　著
责任编辑	张丽娉
标准书号	ISBN 978-7-301-29301-0
出版发行	北京大学出版社
地　　址	北京市海淀区成府路205号　100871
网　　址	http://www.pup.cn　新浪微博:@北京大学出版社 @培文图书
电子信箱	pkupw@qq.com
电　　话	邮购部62752015　发行部62750672　编辑部62750112
印　刷　者	北京启航东方印刷有限公司
经　销　者	新华书店
	787毫米×1092毫米　16开本　16.25印张　255千字 2018年5月第1版　2018年5月第1次印刷
定　　价	105.00元

未经许可,不得以任何方式复制或抄袭本书之部分或全部内容。
版权所有,侵权必究
举报电话:010-62752024　电子信箱:fd@pup.pku.edu.cn
图书如有印装质量问题,请与出版部联系,电话:010-62756370

培文·设计

视觉传达设计实践　靳埭强 著
以图像的名义：北京 2008 年奥运会形象设计研究　杭海 著
现代设计伦理思想史　周博 著
中国现代文字设计图史　周博 著
设计师的设计　邹游 著
在街角发现设计　［日］竹原晶子
设计的风骨　［日］山中俊治

责任编辑　张丽娉
内文制作　方圆文化
装帧设计　孔维康